LA LUMIÈRE DE L'AU-DELÀ

J'AI LU

RAYMOND MOODY

LA VIE APRÈS LA VIE	*J'ai lu* 1984/**2***
LUMIÈRES NOUVELLES SUR LA VIE APRÈS LA VIE	*J'ai lu* 2784/**2***
LA LUMIÈRE DE L'AU-DELÀ	*J'ai lu* 2954/**2***

Dr RAYMOND MOODY
avec la collaboration de
PAUL PERRY

LA LUMIÈRE DE L'AU-DELÀ

TRADUIT DE L'AMÉRICAIN
PAR COLETTE VLÉRICK

Préface de Andrew Greeley

J'AI LU
NEW AGE

Cet ouvrage a paru sous le titre original :

THE LIGHT BEYOND

PRÉFACE

Raymond Moody a réussi une prouesse rare dans la quête du savoir humain : il a créé un paradigme.

Dans son célèbre ouvrage, The Structure of Scientific Revolutions, *Thomas Kuhn remarque que les révolutions scientifiques surviennent quand quelqu'un imagine une nouvelle perspective, un nouveau modèle, une nouvelle approche de la réalité. L'ouverture ainsi réalisée permet de grands progrès, impossibles jusque-là. Le progrès scientifique, pour Kuhn, n'est pas tant le produit d'un travail acharné où l'on applique la méthode scientifique que le résultat d'intuitions brillantes et originales, qui ouvrent la voie à ce travail scientifique.*

Comme le Dr Moody l'écrit dans le présent ouvrage, La Vie après la vie[1] *n'était pas le premier livre sur le sujet. En effet, le Dr Carol Zaleski de Harvard fait remarquer dans sa fascinante étude,* Otherworld Journeys[2], *que la littérature du Moyen Age regorge de récits identiques. Moody n'a donc pas découvert ce phénomène. En revanche, il lui a donné un nom, et ce nom — NDE, Near-Death Experience*[3]

1. Éditions J'ai lu, n° 1984.
2. Voyages dans l'au-delà. (*N.d.T.*)
3. NDE peut se traduire par « expérience de mort rapprochée » ou « expérience d'approche de la mort ». L'expression « expérience aux frontières de la mort », utilisée par exemple dans l'ouvrage du Dr Sabom (*Souvenirs de la Mort*, publié chez Robert Laffont), fait référence aux différents stades du processus de mort. Pour alléger le texte, nous conserverons ici l'abréviation NDE. (*N.d.T.*)

— a fourni le paradigme nécessaire pour que se développent des recherches considérables à la suite de la publication de La Vie après la vie.

Pourquoi est-il donc important de donner son nom exact à un phénomène ? Stephen Hawkins, le grand théoricien anglais de la physique, a dit que le nom de « trou noir » donné au phénomène qu'il étudie revêt une importance cruciale. Dans toute activité humaine, puisque nous sommes des créatures « nommantes » — des créatures qui donnent un sens aux phénomènes —, les noms que nous choisissons déterminent non seulement notre façon d'expliquer les phénomènes mais aussi ce que les autres font de nos travaux.

Le Dr Moody n'a donc pas seulement redécouvert une expérience très répandue dans le genre humain, comme nous le savons maintenant ; il a aussi, en lui donnant un nom approprié, permis l'existence d'autres recherches et l'étude de cette expérience. On ne saurait sous-estimer l'importance d'une telle contribution au savoir humain.

La Lumière de l'au-delà, *comme les précédents travaux du Dr Moody, est ouvert, sensible, et modeste. A mon avis, cette dernière qualité est la plus importante ici. Moody n'affirme rien de définitif sur ses découvertes. Le nom même de NDE est, aussi, efficace en raison de sa modestie. Le Dr Moody ne prétend pas avoir prouvé quoi que ce soit de plus que l'existence et la banalité de cette expérience.*

Les recherches scientifiques sur la NDE prouvent-elles la réalité d'une vie après la mort ? Je ne le pense pas, en dépit de quelques déclarations enthousiastes en ce sens. Les recherches prouvent simplement que, au moment de mourir, beaucoup de gens vivent une expérience douce et réconfortante. Je ne pense pas que, sur la question de la survie après la mort, on puisse s'attendre à quelque chose de plus concluant que cette simple constatation. Je ne comprends donc pas pourquoi nombre de scientifiques et d'établissements médicaux ne peuvent se satisfaire de la démonstration de l'existence de ces expériences et les étudier avec intérêt et respect.

Les recherches sur la NDE font-elles pencher la balance des probabilités en faveur d'une survie après la mort ? J'ai tendance à le penser mais, tant que l'on travaille sur des probabilités, cela réclame un acte de foi que la plupart de ceux qui ont eu une NDE n'hésitent pas à faire.

Dans les dernières pages de son ouvrage, le Dr Moody se réfère à un homme qui a peut-être été le plus grand penseur américain, William James. La NDE est une expérience « noétique », une expérience d'illumination supposée apporter un savoir irréfutable à la personne qui la vit. Comme James le souligne lui-même, ces expériences ne peuvent entraîner l'adhésion de la science ; en échange, puisque ces expériences existent, la science ne peut s'adjuger le monopole des moyens de connaissance. Carol Zaleski parvient à la même conclusion à la fin de son enquête ; comme le Dr Moody, elle adopte les catégories de William James : la NDE est une expérience d'illumination mystique.

« Les visions de l'autre monde sont les produits du même courant imaginatif à l'œuvre dans nos images habituelles de la mort ; notre tendance à donner aux idées des formes concrètes, personnalisées et théâtrales ; la capacité de nos états intérieurs de transfigurer notre perception de l'extérieur ; notre besoin d'intérioriser la carte culturelle de l'univers physique ; notre tendance à ressentir cet univers comme un cosmos moral et spirituel dont nous faisons partie, et où nous avons un but. »

La NDE est donc une des nombreuses expériences qui redonnent espoir à un être humain, même s'il s'agit d'une expérience particulièrement spectaculaire. C'est une tentative d'explication, une tentative très puissante.

Et ce n'est pas la seule.

Dans un échange de courrier à propos de son travail, le Dr Zaleski m'indiquait que sa lettre avait été retardée par la naissance de son premier enfant. Je lui répondis en lui demandant si la naissance d'un premier-né ne pouvait pas être une tentative de compréhension du sens de la vie aussi forte qu'une NDE, et en tout cas plus courante. Du point de vue de la Mort, la question pourrait bien être de se demander si Elle peut donner d'autres indices, ou de meilleurs, que ceux qu'Elle a déjà donnés.

Quoi qu'il en soit, les signes, les murmures d'anges ne sont pas très utiles à ceux qui les écoutent, à moins que cela n'influence leurs vies. Comme le Dr Zaleski l'écrit : « La conviction de la poursuite de la vie après la mort, même intensément ressentie, finira par perdre sa force et se réduire à un souvenir fossile, aussi étranger qu'une doctrine d'emprunt, à moins qu'elle ne soit mise à l'épreuve et redécouverte dans la vie quotidienne. »

En suivant le Dr Moody dans son exploration de la lumière et de la Lumière, il m'a semblé qu'il soulevait la même question. La Lumière apparaissait au sein des ténèbres et les ténèbres ne pouvaient la repousser.

Andrew GREELEY
Chicago, All Souls / Samain, 1987

1

L'aile de la mort

Que se passe-t-il quand on meurt ? C'est probablement la question la plus souvent posée dans l'histoire de l'humanité, et la plus intrigante. Cessons-nous simplement de vivre, sans rien laisser de plus que nos os pour marquer notre passage sur la terre ? Sommes-nous ressuscités par un Être suprême, à condition d'avoir de bonnes notes dans le *Le Livre de la vie* ? Revenons-nous sous forme animale, comme le croient les hindous, ou bien, des générations plus tard, dans un autre corps ?

Nous ne sommes pas plus près de répondre à cette question fondamentale aujourd'hui que nous ne l'étions il y a plusieurs milliers d'années, quand un de nos ancêtres la posa pour la première fois. Pourtant, beaucoup de gens ordinaires, qui ont été frôlés par l'aile de la mort, ont eu des aperçus miraculeux d'un monde de l'au-delà, un monde rayonnant d'amour et de compréhension, qu'on ne peut atteindre qu'après un voyage étonnant dans un tunnel ou un passage.

Ce monde abrite les parents décédés, baignés d'une lumière magnifique. Il est régi par un Être suprême qui aide le nouvel arrivant à passer sa vie en revue, avant de le renvoyer sur terre pour continuer sa vie.

Les personnes qui « sont mortes » ne sont plus jamais les mêmes après leur retour. Elles se donnent à fond à la vie en exprimant la croyance que l'amour et la connaissance sont les choses les plus importantes de toutes, car ce sont les seules que l'on puisse emporter avec soi.

A défaut d'un terme plus exact pour parler de ces incidents, on peut dire que ces gens ont eu une NDE (voir note p. 5).

J'ai forgé cette expression il y a bien des années dans mon premier livre, *La Vie après la vie*. D'autres auteurs utilisent d'autres termes, comme « voyages dans l'au-delà », « envol de l'unique vers l'Unique », « visions à l'approche de la mort ». En fait, quel que soit le nom adopté, ces épisodes recouvrent tous la même expérience. Les sujets des NDE connaissent tout ou partie des événements suivants : la sensation d'être mort ; la paix et l'absence de douleur, même pendant une expérience « douloureuse » ; la séparation de l'esprit et du corps physique ; l'entrée dans une zone obscure ou un tunnel ; une ascension rapide dans les cieux ; la rencontre d'amis et de parents décédés, baignés de lumière ; la rencontre d'un Être suprême ; le passage en revue de sa vie ; et enfin le regret de revenir dans le monde terrestre.

J'ai dégagé ces caractéristiques il y a vingt ans par des recherches personnelles que, par une amusante coïncidence, j'ai commencées à l'âge de vingt ans. J'étais alors un jeune étudiant en philosophie de l'université de Virginie.

Avec une douzaine d'étudiants, j'assistais au séminaire du professeur John Marshall sur les questions philosophiques liées à la mort. Marshall signala qu'il connaissait un psychiatre de la ville — le Dr George Ritchie — qui avait été déclaré cliniquement mort à la suite d'une double pneumonie. Ritchie était miraculeusement ressuscité. Pendant sa « mort », il s'était trouvé dans un tunnel qu'il traversait à toute vitesse avant de voir des êtres de lumière[1].

Mon professeur raconta que cette expérience avait profondément marqué le médecin en question : il était convaincu d'avoir été autorisé à jeter un coup d'œil dans l'au-delà.

A dire vrai, à ce moment de ma vie, l'idée que notre esprit puisse survivre à notre mort physique ne m'avait jamais effleuré. J'avais toujours pensé que la mort provoquait la disparition du corps aussi bien que de la conscience. Qu'un médecin réputé se sente assez sûr de lui pour reconnaître publiquement avoir eu un aperçu de l'au-delà m'intrigua sérieusement.

Quelques mois plus tard, je l'entendis en personne raconter son expérience devant un groupe d'étudiants. Il nous dit que, de loin, il avait vu son corps qui présentait toutes les apparences de la mort et gisait sur son lit d'hôpital. Ensuite, il était entré dans une lumière brillante qui rayonnait d'amour et il avait revu tous les événements de sa vie dans un panorama tridimensionnel.

Je classai l'histoire de Ritchie dans ma mémoire et je retournai à mes études pour finir mon diplôme de philosophie en 1969. Je commençai à enseigner en université quand je rencontrai un nouveau cas de NDE.

Un de mes étudiants avait failli mourir l'année précédente ; je lui demandai à quoi cela ressemblait. Je découvris avec stupéfaction qu'il avait connu un épisode absolument identique à celui de Ritchie, tel que je l'avais entendu raconter quatre ans plus tôt.

Peu à peu, je trouvai d'autres étudiants qui avaient entendu parler d'autres NDE. Au moment où j'entrai à la faculté de médecine, en 1972, je

1. Voir George Ritchie, *Retour de l'au-delà*, Robert Laffont, 1986. (*N.d.T.*)

n'avais pas moins de huit cas de NDE provenant de personnes sincères et fiables.

A la faculté de médecine, je trouvai de nouveaux cas et bientôt j'en eus assez pour publier *La Vie après la vie*. On sait ce qu'il en advint : ce fut un best-seller international. Ce succès montrait bien qu'il existait un réel besoin d'en savoir plus sur ce qui nous arrive « après ».

Ce livre posait de nombreuses questions auxquelles il ne pouvait répondre. En outre, il s'attira les foudres des sceptiques pour qui les quelques centaines de cas étudiés ne représentaient rien aux yeux de la « vraie » recherche scientifique. Beaucoup de médecins clamèrent qu'ils avaient ranimé des centaines de personnes et n'avaient jamais entendu parler de NDE ! Pour d'autres, ce n'était qu'une forme de maladie mentale, comme la schizophrénie. Certains affirmèrent que les NDE n'arrivaient qu'à des gens très religieux tandis que d'autres y voyaient une forme de possession démoniaque. D'après quelques médecins, cela n'arrivait jamais aux enfants parce qu'ils n'avaient pas été « culturellement pollués », au contraire des adultes. Enfin, pour d'autres, il y avait trop peu de gens à avoir vécu une NDE pour que cela soit significatif.

Quelques personnes désiraient approfondir le sujet, y compris moi-même. Notre travail des dix dernières années a considérablement éclairci la question. Nous avons pu examiner la plupart des objections soulevées par ceux qui doutent que la NDE soit autre chose qu'un trouble mental ou un tour que le cerveau se jouerait à lui-même.

A dire vrai, ce fut une bonne chose que d'avoir les sceptiques sur le dos car ils nous ont obligés à étudier le phénomène bien plus à fond que nous ne l'aurions sans doute fait sans eux ! L'essentiel de ce que nous avons trouvé est exposé dans le présent ouvrage.

Qui, combien de fois et pourquoi ?

Un des points sur lesquels je voudrais insister dans ce livre est l'importance du nombre de NDE. Quand j'ai commencé à étudier le phénomène, je pensais qu'il était assez rare. Je ne disposais d'aucun chiffre et la littérature médicale n'en fournissait pas. Si j'avais dû donner une estimation, j'aurais dit que, sur huit personnes réanimées ou ayant vu la mort de près, une seule avait connu au moins l'un des stades de la NDE.

Dès mes premières conférences sur le sujet, quand je demandais à des groupes importants s'ils avaient vécu une NDE ou connaissaient quelqu'un à qui c'était arrivé, mon impression changea radicalement. Je posais la question de façon très directe : « Combien parmi vous ont déjà eu une NDE ou connaissent quelqu'un à qui c'est arrivé ? » A peu près une personne sur trente levait la main...

George Gallup Jr., de l'institut de sondage du même nom, a montré qu'aux États-Unis, huit millions d'adultes ont eu une NDE ! Cela représente une personne sur vingt.

Par la suite, il a analysé le contenu de ces NDE pour essayer de déterminer le pourcentage d'occurrence des différents éléments de l'expérience. Voici ses résultats :

Élément	*Pourcentage*
Sortie du corps	26
Acuité visuelle très améliorée ...	23
Audition de sons ou de voix	17
Sentiment de paix et absence de souffrance	32
Phénomène lumineux	14
Passage en revue de la vie	32
Arrivée dans un autre monde ...	32
Rencontre d'autres êtres	23
Expérience du tunnel	9
Précognition	6

Ce sondage montre clairement que les NDE sont bien plus répandues dans notre société que les chercheurs en ce domaine ne l'ont jamais imaginé.

Les caractéristiques de la NDE

Comme je l'ai indiqué, j'ai pu dégager un ensemble de neuf caractéristiques qui définissent la NDE. J'y suis parvenu en interrogeant des centaines de gens et en recherchant les éléments communs à leurs expériences.

Dans *La Vie après la vie*, j'ai écrit que je n'avais jamais rencontré quelqu'un dont la NDE ait rassemblé tous ces éléments. Or, depuis, j'ai enquêté sur plus de mille cas dont plusieurs comportaient les neuf caractéristiques énumérées ci-dessus.

Il n'en reste pas moins important d'insister sur le fait que les gens qui ont une NDE n'en expérimentent pas tous la totalité des phases recensées. Certains n'en traversent qu'une ou deux, d'autres cinq ou six. C'est la présence de l'un de ces phénomènes ou de plusieurs qui définit la NDE.

L'impression d'être mort

Beaucoup de gens ne se rendent pas compte que l'expérience de la mort rapprochée qu'ils sont en train de vivre a quelque chose à voir avec la mort. Ils se retrouvent en train de flotter au-dessus de leur corps, à une certaine distance, et le regardent. Puis, soudain, surgit la peur et/ou l'incompréhension. Ils se demandent : « Comment puis-je être là-haut, en train de me regarder en bas. » Ils n'y comprennent rien et se sentent un peu perdus.

A ce stade, les gens ne reconnaissent pas toujours le corps qu'ils voient comme étant le leur.

Un homme m'a dit que pendant qu'il était hors de son corps, il avait traversé une salle d'hôpital de l'armée et qu'il avait été stupéfait du grand nombre de jeunes gens à peu près de son âge et de sa stature qui lui ressemblaient. Il avait examiné tous ces corps en se demandant lequel était le sien.

Un autre homme, qui avait eu un très grave accident dans lequel il avait perdu deux de ses membres, se souvenait de s'être penché sur son corps allongé sur la table d'opération : il s'était senti désolé pour la personne horriblement mutilée qui se trouvait là. Ensuite, seulement, il s'était rendu compte que c'était lui !

La peur éprouvée à ce moment-là par la plupart des sujets cède souvent la place à la pleine compréhension de ce qui se passe. Les gens comprennent ce que les médecins et les infirmières se disent, bien qu'ils n'aient en général aucune formation médicale. En revanche, quand ils essayent de parler à quelqu'un de l'équipe médicale ou à une autre personne, personne ne peut les voir ni les entendre.

Voyant cela, ils essayent alors d'attirer l'attention des personnes présentes en les touchant. Mais quand ils le font, leurs mains traversent le bras des gens comme s'il n'y avait rien.

Ce qui suit m'a été décrit par une femme que j'ai moi-même réanimée. J'étais là quand elle eut un arrêt cardiaque et j'avais immédiatement entrepris un massage cardiaque. Elle me dit plus tard que, pendant que je faisais repartir son cœur, elle montait au-dessus de son corps et le regardait, au-dessous d'elle. Elle se tenait derrière moi, essayant de me dire d'arrêter parce qu'elle se trouvait bien là où elle était. Comme je ne l'entendais pas, elle essaya de me prendre le bras pour m'empêcher de lui faire une intraveineuse. Sa main passa tout droit à travers mon bras. Mais, me dit-elle par la suite, en faisant cela elle eut la sensation de quelque chose ayant la consistance « d'une gélatine très légère » ; cette gélatine lui donna l'impression d'être traversée d'un courant électrique.

D'autres patients m'ont fourni des descriptions très semblables.

Après avoir essayé de communiquer avec d'autres personnes, les gens qui ont une NDE éprouvent fréquemment un sentiment d'identité très amplifié. Une personne a dit de ce stade que c'est « un moment où vous n'êtes plus la femme de votre mari, vous n'êtes plus le parent de vos enfants. Vous n'êtes plus l'enfant de vos parents. Vous êtes vous, totalement et complètement ». Une autre femme dit qu'elle avait l'impression d'avoir « coupé le ruban », comme un ballon libéré de ses amarres. C'est à ce moment que la peur se transforme en béatitude et en compréhension.

Paix et absence de souffrance

Les malades, hommes ou femmes, qui ont une NDE souffrent souvent beaucoup tant qu'ils restent conscients, dans leur corps. En revanche, quand « le ruban est coupé », ils éprouvent un sentiment très vif de paix et de bien-être, sans souffrance.

J'ai parlé avec des gens victimes d'un arrêt cardiaque : ils m'ont dit que l'horrible douleur de la crise cardiaque passait de l'agonie à un plaisir presque insupportable. Quelques chercheurs ont émis la théorie d'après laquelle le cerveau, en cas de souffrance extrême, produit une substance qui stoppe la douleur. Cette théorie est discutée au chapitre 7, mais je précise tout de suite que l'on n'a jamais fait d'expériences destinées à infirmer ou à confirmer cette hypothèse. Par ailleurs, même si elle se révélait exacte, elle ne rendrait pas compte des autres symptômes de la NDE.

La sortie du corps

Souvent, au moment où les médecins disent : « C'est fini », les patients connaissent un complet changement de perspective. Ils se sentent en train de monter et voient leur corps au-dessous d'eux.

La plupart des gens disent qu'ils ne sont pas simplement un îlot de conscience quand cela leur arrive. Il semblerait qu'ils continuent de posséder une sorte de corps même quand ils sortent de leur corps physique. Ils disent que le corps spirituel a une forme et une allure différentes de celles de notre corps physique. Il a des bras et une forme même si, dans l'ensemble, les gens sont incapables de la décrire. Certaines personnes en ont parlé comme d'un nuage coloré ou d'un champ d'énergie.

Il y a plusieurs années de cela, j'ai rencontré un homme qui m'expliqua avoir examiné ses mains pendant sa NDE. Elles étaient faites de lumière, avec de petites structures internes. Il voyait les délicates volutes de ses empreintes digitales et des tuyaux de lumière qui montaient le long de ses bras.

Le tunnel

L'expérience du tunnel se produit en général après avoir quitté le corps. Il m'a fallu *La Vie après la vie* pour m'apercevoir que les gens ne se rendent pas réellement compte que leur expérience se rapporte à la mort tant qu'ils n'ont pas « coupé le ruban » et quitté leur corps.

A ce stade, un portail ou un tunnel s'ouvre devant eux et ils sont propulsés dans l'obscurité. Ils traversent alors une zone de ténèbres et, à la fin, ils débouchent dans cette lumière brillante dont nous parlerons ensuite.

Au lieu de passer par un tunnel, certaines personnes montent un escalier. Par exemple, voici le témoignage d'une femme qui a assisté aux derniers moments de son fils, décédé d'un cancer. Peu avant de mourir, il lui a dit qu'il voyait un magnifique escalier en spirale qui montait. Sa mère se sentit apaisée quand il lui dit qu'il pensait qu'il allait monter cet escalier.

D'autres personnes ont dit qu'elles avaient franchi une très belle porte, très décorée. Cette porte paraît très symbolique du passage dans un autre monde.

Il y a des gens qui entendent une espèce de sifflement pendant la traversée du tunnel. D'autres entendent une vibration électrique ou un bourdonnement quand ils se trouvent dans la zone obscure.

Je m'empresse de préciser que je n'ai pas été le premier à décrire cette expérience du tunnel. Au XVe siècle, Jérôme Bosch a peint *L'Ascension dans l'empyrée*, qui décrit visuellement l'expérience en question. Au premier plan, on voit des mourants. Autour, des êtres spirituels essaient de diriger leur attention vers le haut. On les voit traverser un tunnel très sombre, puis sortir dans la lumière. Quand ils arrivent dans la lumière, ils s'agenouillent avec respect.

Dans l'une des plus étonnantes expériences de tunnel dont j'aie entendu parler, le tunnel s'étendait presque à l'infini, en longueur comme en largeur, et il était plein de lumière.

Les descriptions s'accumulent en grand nombre, sans que le sens de l'expérience varie : ces gens traversent un passage qui les amène dans une lumière intense.

Les êtres de lumière

En général, à leur sortie du tunnel, les gens rencontrent des êtres de lumière. Mais il ne s'agit pas d'une lumière ordinaire. Ces êtres brillent d'une luminosité intense et très belle qui semble tout irriguer et remplit la personne d'amour. Quelqu'un qui a eu une NDE a dit très précisément : « Je pourrais l'appeler "lumière" ou "amour", et cela voudrait dire la même chose. » Quelques personnes ont dit que c'était comme d'être transpercé par une averse de lumière.

Les gens affirment aussi que cette lumière est bien plus brillante que tout ce que nous pouvons connaître sur terre en matière de lumière. Pourtant, malgré sa brillance et son intensité, elle ne fait pas mal aux yeux. Au contraire, elle est chaude, vibrante et vivante.

Arrivés dans la lumière, les gens rencontrent souvent des parents et des amis décédés. Ils disent fréquemment que ces défunts se trouvent dans le même corps indescriptible qu'eux.

J'ai connu des gens qui, en plus de la lumière et des défunts, ont décrit des scènes pastorales enchanteresses. Une femme que je connais a parlé d'une prairie entourée de plantes dont chacune avait sa propre lumière intérieure.

Dans quelques cas, il est question de cités lumineuses et très belles. Toutefois, les gens qui ont vu cela disent que leur grandeur défie toute description.

Pendant que la NDE se déroule, la communication ne se fait pas avec des mots comme d'habitude, mais par télépathie, par des moyens non verbaux où la compréhension est immédiate.

L'Être de Lumière

Après avoir rencontré différentes personnes dans la lumière, le sujet rencontre ensuite un Être suprême de Lumière. Les gens d'origine catholique disent souvent que c'est Dieu ou Jésus. Selon leur appartenance religieuse, ils disent aussi Bouddha ou Allah. Il existe également quelques cas où les gens disent qu'il s'agit de quelqu'un de très saint, mais que ce n'est ni Dieu ni Jésus.

Quel qu'il soit, l'Être rayonne d'un amour et d'une compréhension infinis. C'est pourquoi la plupart des sujets veulent rester auprès de lui pour toujours.

Or, ce n'est pas possible. A ce moment-là, on leur dit qu'ils doivent réintégrer leur corps terrestre. En général, c'est l'Être de Lumière qui s'en charge en ajoutant qu'il doit d'abord leur faire revoir toute leur vie.

Le bilan de la vie

Quand les gens revoient leur vie, l'environnement reconnaissable disparaît. A la place, ils voient défiler les moindres incidents de leur vie dans un panorama coloré et en trois dimensions.

D'habitude, cela se passe d'un point de vue extérieur, comme s'il s'agissait d'une tierce personne. Cette vision ne se situe pas dans le temps que nous connaissons. Les sujets ne peuvent en donner une meilleure description qu'en disant que toute leur vie est là, d'un seul coup.

On ne voit pas seulement tout ce que l'on a fait, jusque dans le plus petit détail. On perçoit aussi, instantanément, les effets de ses actions sur ses proches.

Par exemple, si je me vois en train de faire une action dépourvue d'amour, je me trouve aussitôt dans l'esprit de la personne envers qui j'ai fait cette action. Je ressens donc sa tristesse, sa douleur et ses regrets.

A l'inverse, si je me conduis avec amour envers quelqu'un, j'éprouve aussitôt ses sentiments de bonheur et de joie.

Pendant tout ce temps, l'Être reste au côté des gens et leur demande ce qu'ils ont fait de bien dans leur vie. Il les aide à assister à ce bilan et à redonner aux événements de leur vie leurs véritables proportions.

Tous les gens qui ont vécu ce bilan en reviennent persuadés que l'amour est la chose la plus importante de leur vie.

Pour la plupart, la deuxième chose la plus importante de la vie est la connaissance. Quand ils revoient des scènes de leur vie où ils sont en train d'apprendre quelque chose, l'Être insiste sur le fait qu'une des choses qu'ils peuvent emporter après la mort est le savoir. L'autre est l'amour.

Quand les gens reprennent conscience, ils éprouvent une grande soif de connaissance. Ils deviennent souvent des lecteurs avides même si, avant, ils n'aimaient pas beaucoup lire. Parfois, ils reprennent des études pour explorer un domaine autre que celui dans lequel ils travaillent.

La montée rapide dans le ciel

Il faut signaler que tous les sujets ne passent pas par le stade du tunnel. Certains parlent d'une « expérience de flottement » au cours de laquelle ils montent rapidement dans le ciel. Ceux-là voient l'univers sous un angle ordinairement réservé aux satellites et aux astronautes.

C.G. Jung a vécu ce type d'expérience en 1944 après une crise cardiaque. Il dit qu'il s'est senti monter à toute vitesse vers un point situé très au-dessus de la terre.

Un enfant m'a raconté aussi qu'il avait eu l'impression de monter très loin au-dessus de la terre ; ensuite il dépassait les étoiles, et il a fini par se retrouver chez les anges. Un autre sujet s'est senti monter à toute vitesse : il voyait les planètes autour de lui tandis que la terre lui apparaissait dans le lointain, au-dessous de lui, comme une bille bleutée.

L'envie de ne pas revenir

Pour beaucoup, la NDE est une expérience tellement agréable qu'ils ne veulent pas en revenir. Ils sont en général furieux contre les médecins qui les rappellent à la vie.

Deux de mes amis médecins se sont rendu compte que certains de leurs patients avaient eu une NDE en les voyant devenir hostiles après avoir été réanimés.

Dans l'un des cas, un de ces médecins réanimait un autre médecin qui venait de faire un arrêt cardiaque. Quand le médecin malade reprit conscience, il se montra très en colère et dit : « Carl, ne me refais jamais ça ! »

Carl ne comprenait vraiment pas les raisons d'une telle mauvaise humeur. Plus tard, le médecin réanimé le prit à part et lui présenta ses excuses en lui expliquant son aventure : « J'étais complètement fou parce que tu m'avais ramené à la mort et non à la vie. »

Un autre de mes amis médecins a découvert le

phénomène de la NDE quand un de ses patients, qu'il venait de réanimer, se mit à l'enguirlander pour l'avoir arraché « à ce merveilleux endroit si lumineux ».

Les gens qui ont une NDE réagissent souvent de cette façon. Ce sentiment de frustration ne dure toutefois pas longtemps. Si on parle avec eux une ou deux semaines plus tard, ils se montrent heureux d'être revenus. L'état de béatitude qu'ils ont connu leur manque, mais ils sont contents d'avoir eu l'occasion de continuer à vivre.

Un des aspects intéressants de l'expérience est que ces gens ont le sentiment qu'on leur a donné le choix de rester ou de repartir. La personne qui leur offre de choisir peut être l'Être de Lumière ou bien l'un de leurs parents décédés.

Tous les gens avec qui j'en ai parlé disent qu'ils seraient restés s'il ne s'était agi que d'eux-mêmes. En général, ils expliquent qu'ils sont revenus pour élever leurs enfants ou bien parce que leurs conjoints ou leurs parents avaient besoin d'eux.

Une femme de Los Angeles a dû répondre à la question de l'Être de Lumière deux fois dans sa vie. La première fois, c'était à la fin des années cinquante. Elle se trouvait dans le coma à la suite d'un grave accident de voiture. L'Être lui dit que le moment de mourir et d'aller au ciel était venu.

Elle discuta avec lui, se plaignant d'être trop jeune pour mourir. L'Être ne se laissa pas fléchir, jusqu'au moment où elle lui dit : « Je suis si jeune, je n'ai pas encore assez dansé ! »

Sa réflexion fit rire l'Être de bon cœur et il lui permit de continuer à vivre.

Environ trente ans plus tard, elle eut un arrêt cardiaque au cours d'une intervention chirurgicale mineure. Elle traversa de nouveau le tunnel et se retrouva de nouveau en présence de l'Être. Il lui dit, comme pour la première fois, que le moment de mourir était venu.

Cette fois, elle avança qu'elle avait des enfants à élever et qu'elle ne pouvait les abandonner aussi jeunes.

« D'accord, répondit l'Être. Mais c'est la dernière fois. La prochaine fois, tu devras rester. »

Un temps et un espace différents

Outre ces neuf caractéristiques, les gens qui ont eu une NDE disent que le temps était très condensé, sans rien de commun avec le temps donné par nos montres. Ils en parlent comme de « l'éternité ». Une femme, à qui je demandais combien de temps avait duré son expérience, me répondit : « Je vous dirais aussi bien que ça a duré une seconde que dix mille ans ; ce serait la même chose. »

Au cours de cette expérience, les limites que nous impose l'espace dans la vie quotidienne disparaissent souvent. Une personne qui vit une NDE peut, si elle le désire, aller où elle le veut : il lui suffit d'y penser. Les gens racontent que, pendant qu'ils sont hors de leur corps et regardent les médecins s'en occuper, il leur suffit de le désirer pour se retrouver dans la salle d'attente et y voir leurs proches.

Cette partie de l'expérience représente peut-être la meilleure réponse à l'argument d'après lequel la NDE ne serait qu'un tour que le cerveau se joue à lui-même. En effet, on peut bien admettre que le cerveau, en situation de détresse, génère l'expérience du tunnel et la rencontre avec l'Être de Lumière pour se rassurer. En revanche, les gens qui, après une NDE, peuvent vous raconter ce qui se passait dans d'autres pièces pendant qu'ils étaient dans le coma, ces gens ont bel et bien vécu une « sortie du corps ».

Je connais plusieurs cas de personnes qui ont eu

une sortie du corps pendant qu'ils étaient en réanimation : ils en ont profité pour quitter la salle d'opération et vérifier la présence de leurs proches dans d'autres parties de l'hôpital.

Une femme qui avait quitté son corps se rendit dans la salle d'attente où elle vit que sa petite fille portait des vêtements dépareillés.

La bonne avait en effet amené l'enfant à l'hôpital et, dans sa hâte, l'avait habillée avec ce qui lui était tombé sous la main, sans se préoccuper d'assortir les couleurs.

Par la suite, quand cette femme raconta sa NDE à sa famille, elle dit qu'elle avait vu sa fille avec des vêtements dépareillés. Ils durent se rendre à l'évidence : elle s'était bien trouvée dans la salle d'attente en même temps qu'eux.

Une autre femme était sortie de son corps et avait quitté la salle de réanimation où l'on s'affairait autour de son corps. De l'autre côté du couloir, elle vit son beau-frère au moment où il rencontrait certains de ses associés. Ils lui demandèrent ce qu'il faisait à l'hôpital.

« Je devais partir en déplacement d'affaires, répondit-il, mais on dirait que June va passer. Alors je me suis dit qu'il valait mieux que je reste pour l'enterrement. »

Quelques jours plus tard, alors qu'elle entrait en convalescence, son beau-frère lui rendit visite. Elle lui annonça qu'elle était à côté de lui quand il avait rencontré son ami. Il ne la crut pas, mais elle lui ôta le moindre doute en disant : « La prochaine fois que je meurs, ce ne sera pas la peine d'annuler un voyage d'affaires. Tout ira très bien. » Il devint livide, au point qu'elle se dit qu'il allait peut-être bien avoir une NDE, lui aussi !

Une femme d'un certain âge connut la même expérience alors que je la réanimais. J'étais en train de lui faire un massage cardiaque ; elle était sur une table d'examen du service des urgences. A un moment, l'infirmière qui m'assistait courut chercher un médicament dans la pièce voisine.

Le produit se trouvait dans une de ces ampoules que l'on doit casser en se protégeant avec un mouchoir en papier pour ne pas se couper. Quand l'infirmière revint avec l'ampoule, elle était déjà brisée et je pus l'utiliser directement.

Quand ma malade reprit conscience, elle regarda l'infirmière très gentiment et lui dit : « Vous savez, mon chou, j'ai vu ce que vous avez fait dans l'autre pièce. Vous finirez par vous couper, de cette façon ! » L'infirmière eut un choc. Elle reconnut que, dans sa hâte à ouvrir l'ampoule, elle avait cassé le bout sans se protéger les doigts.

La malade nous dit que, pendant que nous nous occupions de la réanimer, elle avait suivi l'infirmière dans l'autre pièce pour voir ce qu'elle faisait.

Quelques résultats : combien de gens et combien de fois ?

Comme signalé plus haut, l'institut Gallup découvrit dans un sondage, en 1982, que huit millions d'adultes américains avaient eu au moins une NDE. Comme cela représentait à peu près une personne sur vingt, les chercheurs se rendirent compte qu'ils n'auraient pas de difficultés à trouver des sujets pour leurs recherches. En fait, nombre de ces travaux furent entrepris avant que l'institut Gallup pose à l'Amérique la question de la vie après la vie.

Une de ces études, qui portait le titre approprié de « L'Étude Evergreen[1] », explora les NDE de

1. Evergreen, nom de l'institut en question, veut dire, littéralement « toujours vert », et peut se traduire par « éternel ». (*N.d.T.*)

quarante-neuf habitants des États du nord-ouest des États-Unis.

Ces gens furent interrogés par les enquêteurs (James Lindley, Sethyn Bryan et Bob Conley, de l'institut Evergreen d'Olympia dans l'État de Washington). Ils utilisèrent une méthode d'enquête classique. On demandait d'abord au sujet de raconter sa rencontre avec la mort, sans qu'on l'interroge. Ensuite, on lui posait une série de questions standard sur son expérience.

C'étaient les mêmes questions que celles posées par Kenneth Ring, un psychologue du Connecticut qui a étudié les NDE de douzaines de personnes et a publié ses résultats dans un excellent ouvrage, *Sur la frontière de la vie*[1]. Sa méthode d'investigation de la NDE est aujourd'hui couramment utilisée pour découvrir si une personne a eu une NDE. Ses questions sont neutres — et les résultats, par conséquent, assez fiables.

Les chercheurs d'Evergreen ont repris les mêmes questions pour pouvoir comparer leurs résultats avec ceux de Ring :

1. Est-ce une expérience difficile à exprimer ? (Si oui :) Pouvez-vous quand même essayer de me dire pourquoi ? Qu'y a-t-il dans cette expérience qui la rende si difficile à communiquer ? Était-ce comme un rêve, ou différent ?
2. Quand cela vous est arrivé, avez-vous pensé que vous étiez en train de mourir ou dans un état très proche de la mort ?
3. Quels ont été vos sentiments et vos sensations pendant cet épisode ?
4. Avez-vous entendu des bruits ou des sons inhabituels à ce moment ?
5. Avez-vous eu, à un moment ou à un autre, l'impression de voyager ou de vous déplacer ? A quoi cela

1. Éditions Robert Laffont, Paris, 1982.

ressemblait-il ? (En cas de réponse appropriée) : Cette expérience était-elle reliée, d'une façon ou d'une autre, avec le bruit (le son) que vous avez décrit auparavant ?

6. Avez-vous eu l'impression, à un moment quelconque de cette expérience, d'être comme séparé de votre corps physique ? Avez-vous vu votre corps physique en étant conscient de le voir ? (Poser ces questions l'une après l'autre. Puis, selon le cas, demander) : Pourriez-vous me décrire cette expérience ? Comment vous sentiez-vous quand vous étiez dans cet état ? Quand vous étiez hors de votre corps physique, où étiez-vous ? Aviez-vous un autre corps ? (Si oui) : Y avait-il un lien quelconque entre vous et votre corps physique ? Un lien entre les deux corps que vous voyiez ? Décrivez-le-moi. Quand vous étiez dans cet état, comment perceviez-vous le temps ? L'espace ? La pesanteur ? Y a-t-il quelque chose que vous pouviez faire dans cet état et que vous ne pouvez pas faire avec votre corps physique habituel ? Aviez-vous des sensations de goûts ou d'odeurs ? Votre vision et votre ouïe étaient-elles changées et, si oui, comment ? Avez-vous eu un sentiment de solitude dans cet état ? Comment était-ce ?

7. Au cours de cet épisode, avez-vous rencontré d'autres personnes, vivantes ou mortes ? (Si oui :) Qui était-ce ? Qu'est-il arrivé quand vous les avez rencontrées ? Ont-elles cherché à communiquer avec vous ? Pour dire quoi ? Comment ? A votre avis, pourquoi vous ont-elles dit cela ? Comment vous sentiez-vous en leur présence ?

8. Avez-vous eu, à un moment ou à un autre, une sensation de lumière, de brillance ou d'illumination ? Pouvez-vous me le décrire ? (Si oui :) Cette « lumière » vous a-t-elle communiqué quelque chose ? Quoi ? Comment avez-vous pris cette lumière ? Comment vous sentiez-vous ? (Ou comment vous faisait-elle vous sentir ?) Avez-vous rencontré une figure religieuse comme des anges, des anges gardiens, le Christ, etc. ? Avez-vous rencontré des entités effrayantes telles que des démons, des sorcières ou le diable ?

9. Pendant cette expérience, est-ce que votre vie — ou des scènes de votre vie — vous sont apparues à un moment ou à un autre sous forme d'images mentales

ou de souvenirs ? (Si oui :) Pouvez-vous m'en dire plus ? Comment était-ce ? Comment vous êtes-vous senti ? Aviez-vous l'impression que cette expérience vous apprenait quelque chose ? Si oui, quoi ?

10. Avez-vous eu, à un moment ou à un autre, l'impression d'approcher une frontière ou une limite, un seuil ou un point de non-retour ? (Si oui :) Pouvez-vous me le décrire ? Vous souvenez-vous d'avoir eu des sentiments ou des pensées particulières en approchant de cette frontière ? Avez-vous une idée de ce que représentait ou signifiait cette frontière ?

11. (Si le patient ou la patiente a dit auparavant avoir failli mourir, demander :) Quand vous vous êtes senti près de mourir, qu'avez-vous éprouvé ? Vouliez-vous revenir dans votre corps, continuer à vivre ? Comment vous êtes-vous senti quand vous avez repris conscience dans votre corps ? Vous souvenez-vous de la façon dont vous êtes revenu dans votre corps physique ? Avez-vous une idée de la raison pour laquelle vous n'êtes pas mort cette fois ? Y a-t-il eu un moment où vous vous êtes senti jugé par une force impersonnelle ?

12. Votre expérience est récente, mais je me demande si vous avez l'impression que cela vous a changé d'une façon ou d'une autre ? Qu'en pensez-vous ? Si cela vous a transformé, de quelle façon ? (Si c'est nécessaire, demander ensuite :) Cette expérience a-t-elle changé votre attitude devant la vie ? Comment ? Vos croyances religieuses en ont-elles été modifiées ? Si oui, comment ? Par rapport à ce que vous ressentiez avant de faire cette expérience, avez-vous maintenant plus ou moins peur de la mort, ou bien est-ce la même chose ? (Selon le cas :) Avez-vous peur de la mort ? (Si le sujet a fait une tentative de suicide :) Comment cette expérience a-t-elle agi sur votre attitude à l'égard du suicide ? Envisagez-vous de faire une autre tentative ? (Poser ces questions avec ménagement.)

13. (Dans le cas où la question n'a pas été entièrement traitée à la question 12 et que le patient a dit avoir frôlé la mort, demander :) Vous qui avez vu la mort de près, pouvez-vous me dire, à votre façon, comment vous concevez la mort maintenant ? Que signifie la mort pour vous ?

14. Désirez-vous ajouter quelque chose à ce que vous avez dit sur votre expérience ou son influence sur votre vie ?

En utilisant le même questionnaire que Ring, les enquêteurs d'Evergreen ont pu comparer leurs résultats avec ceux de l'étude plus importante menée par Ring dans le Connecticut.

Plutôt que d'utiliser les neuf phases que j'ai décrites plus haut, ils ont défini cinq grandes étapes de la NDE : la paix, l'abandon du corps, les ténèbres, la lumière, le rééquilibrage intérieur.

Dans l'étude Evergreen, 74,5 % des sujets sont passés par le stade de la paix au cours de leur NDE ; dans l'étude de Ring, ils sont 60 % à l'avoir vécue.

Les chercheurs d'Evergreen ont trouvé qu'il était très fatigant d'écouter les récits de cette étape car le sujet se montre souvent intarissable sur la paix merveilleuse et la douceur qu'il a éprouvées à ce moment-là.

Les sujets d'Evergreen ont connu la séparation du corps à 70,9 %, et ceux de Ring à 37 %. Les ténèbres, qui peuvent aussi être décrites comme l'expérience du tunnel, se trouvent dans 38,2 % des cas d'Evergreen et dans 23 % des cas de Ring. Le stade de la lumière, qui peut inclure la présence d'êtres de lumière, est présent dans 56,4 % des cas d'Evergreen et dans 16 % des cas de Ring.

« Le rééquilibrage intérieur », décrit par la plupart des sujets comme paradisiaque, est rapporté dans 34,5 % des cas d'Evergreen et dans 10 % des cas de Ring.

Parmi tous les sujets de l'étude Evergreen, un seul a rapporté une NDE « infernale ». D'après la définition des chercheurs d'Evergreen, c'est une NDE terrifiante, pleine de panique ou de colère, et qui peut éventuellement offrir la vision de créatures démoniaques. Le cas signalé par Evergreen concerne un homme qui, d'après ses dires, fut envoyé en enfer, par erreur, au cours de sa deuxième ou troisième NDE. Son interrogatoire est aussi révélateur que pittoresque :

Sujet. — La deuxième expérience a été différente. Je descendais un escalier ! En bas, il faisait très sombre, avec des gens qui hurlaient, [il y avait] du feu, ils voulaient de l'eau à boire... Puis quelqu'un s'est approché de moi, je ne sais pas qui c'était, il m'a poussé de côté et il m'a dit : « Vous ne descendez pas. Vous remontez l'escalier. »

Enquêteur. — A-t-il utilisé ces mots-là, précisément ?

Sujet. — Ouais ! « Vous remontez l'escalier. On ne veut pas de vous ici parce que vous n'êtes pas assez salaud. »

Enquêteur. — Avez-vous d'abord fait l'expérience des ténèbres, et ensuite...

Sujet. — Complètement noir ! Nous sommes d'abord descendus... Il faisait noir comme dans un four.

Enquêteur. — Êtes-vous descendu dans un tunnel ?

Sujet. — Il n'y avait pas de tunnel ; c'était plus qu'un tunnel, bien plus grand. Je descendais en flottant... il y avait un homme qui attendait, il a dit : « Ce n'est pas le bon. »

Enquêteur. — Pouviez-vous voir les gens qui hurlaient ?

Sujet. — J'ai vu plein de monde en bas. Ça criait, ça hurlait...

Enquêteur. — Étaient-ils aussi habillés ?

Sujet. — Non, non, non. Pas du tout de vêtements.

Enquêteur. — Ils étaient nus ?

Sujet. — Ouais.

Enquêteur. — A votre avis, combien étaient-ils ?

Sujet. — Oh, mon Dieu... on ne pouvait pas compter !

Enquêteur. — Des milliers ?

Sujet. — Je dirais, voyons, presque un million, à mon avis.

Enquêteur. — Vraiment ? Et ils étaient tous très malheureux ?

Sujet. — Ils étaient malheureux et pleins de haine. Ils

me demandaient de leur donner de l'eau. Ils n'avaient pas d'eau.

Enquêteur. — Y avait-il quelqu'un pour les surveiller ?

Sujet. — Oui, il était là. Il avait ses petites cornes...

Enquêteur. — Il avait des cornes ! Est-ce que... A votre avis, qui... L'avez-vous reconnu ?

Sujet. — Oh oui ! je le reconnaîtrais partout.

Enquêteur. — Qui était-ce ?

Sujet. — Le diable en personne !

Les expériences de ce type sont rares. Les enquêteurs d'Evergreen ont regroupé leurs résultats avec les miens et ceux de Ring : au total, ils n'ont trouvé que 0,3 % de NDE « infernales ».

En revanche, il n'est pas rare de voir se transformer la personne qui a eu une NDE. La NDE est un facteur d'évolution si puissant que beaucoup de gens doivent passer par une psychothérapie pour arriver à l'intégrer dans leur vie.

Dans l'ensemble, la NDE transforme les gens d'une façon positive. Cependant, même un changement positif peut être difficile à intégrer, ne serait-ce que parce qu'il représente en ce cas un changement brutal. Il faut aussi tenir compte du choc émotif que représente le fait d'avoir entrevu un monde meilleur et de devoir vivre en ce bas monde.

Un des meilleurs exemples de façon dont une NDE peut affecter la vie de quelqu'un nous est peut-être donné par l'écrivain Katherine Ann Porter, l'auteur de *La Nef des fous*. En 1918, elle eut une NDE pendant une grippe dont elle faillit mourir. Voici ce qu'elle dit dans une interview :

J'avais eu cette vision céleste et, après, le monde était devenu vraiment sans intérêt. Pendant des années, j'ai vécu en pensant que ce monde ne valait pas la peine d'y vivre. Et pourtant, on a la foi, on a cette force intérieure qui vient de quelque part, probablement héritée de quelqu'un. Tout au long de ma vie, j'ai connu des moments où, au cours de la même journée, j'éprouvais un désir intense de mourir puis une terrible impatience d'être au lendemain. En fait, si je n'avais pas été aussi solide qu'un chat de gouttière, aujourd'hui je ne serais pas là.

La prémonition

Parfois, la NDE permet d'entrevoir le futur. Cela se produit dans un pourcentage de cas si faible que j'hésite beaucoup à en faire un caractère de la NDE. Néanmoins, cela arrive.

Personnellement, j'ai découvert cet aspect de la NDE par hasard. C'était en 1975, plusieurs mois avant la publication de *La Vie après la vie*. C'était le jour d'halloween, et Louise, qui était ma femme à l'époque, avait emmené nos enfants faire le tour des voisins.

Au cours de la tournée, ils arrivèrent à une maison où ils furent accueillis par un couple très aimable qui commença à parler avec les enfants. Ils demandèrent aux enfants comment ils s'appelaient, et quand l'aîné répondit « Raymond Avery Moody, le troisième », la femme sursauta.

« Je dois parler à votre mari », dit-elle à ma femme.

Quand je la rencontrai, elle se mit à me raconter une NDE qu'elle avait eue en 1971. Elle avait fait un arrêt cardiaque et pulmonaire pendant une intervention chirurgicale; elle était restée en état de mort clinique pendant un laps de temps important. Au cours de la NDE qui se déclencha à ce moment, elle rencontra un guide qui lui fit revoir sa vie et lui donna des informations sur le futur. Vers la fin de l'expérience, on lui montra une image de moi; on lui donna également mon nom et on lui dit que

« quand le moment serait venu », elle me raconterait son histoire.

J'ai trouvé cette rencontre tout à fait étonnante. Mais Kenneth Ring a rapporté des « voyances » encore plus étonnantes, que lui ont confiées certains des sujets interrogés dans le cadre de ses recherches.

Le nombre des cas rassemblés par Ring est insuffisant pour permettre une analyse statistique. Néanmoins, cela ne l'a pas empêché de découvrir quelques cas de « voyance » en posant la question dans la petite communauté des spécialistes de la NDE. Ces cas particuliers, où le sujet a une vision du futur, sont généralement liés à une NDE particulièrement forte. Parfois, les gens sont conscients d'avoir eu cette information dès qu'ils ont repris connaissance. Dans d'autres cas, cela leur revient plus tard, avec une profonde impression de « déjà vu », cette impression d'avoir déjà vécu un événement.

Un des exemples de projection dans le futur donnés par Ring concerne un homme qui vit maintenant aux États-Unis mais est né en Angleterre, où il a été élevé. A l'âge de dix ans, il avait eu une NDE alors qu'on l'opérait d'une crise d'appendicite aiguë. Dans un courrier adressé à Ring, il a écrit :

> Après l'opération, alors que j'étais en convalescence, je me rendais bien compte que j'avais des souvenirs curieux, c'est le moins que l'on puisse dire, à propos d'événements de ma vie future. Je ne sais pas comment ils étaient venus... ils étaient là, c'est tout... Pourtant, à cette époque (1941), et jusqu'en 1968, je n'y ai pas cru.

Il décrit ensuite cinq souvenirs précis, dont la date et les circonstances de sa mort, que je ne veux pas citer ici. En revanche, voici les deux premiers de ces souvenirs :

1. Tu te marieras à l'âge de vingt-huit ans.

C'était le premier de ces souvenirs, et je l'ai ressenti comme un banal constat — sans aucune émotion qui y soit liée... Et c'est en effet ce qui est arrivé. Pourtant, le jour de mes vingt-huit ans, je n'avais pas encore rencontré la personne que j'allais épouser.

2. Tu auras deux enfants et tu vivras dans la maison que tu vois.

Par contraste avec la première prédiction, celle-ci était ressentie ; expérimentée est peut-être un terme plus juste. J'avais le souvenir très vif d'être assis sur une chaise et de voir deux enfants qui jouaient par terre, devant moi. Et je savais que j'étais marié ; pourtant, dans cette vision, il n'y avait aucune indication sur la personne avec qui j'étais marié. Une personne mariée sait l'impression qu'on a quand on est marié parce que, justement, elle l'est ! Mais un célibataire ne peut pas savoir à quoi ça ressemble d'être marié ; à plus forte raison, un petit garçon de dix ans ne peut pas le savoir ! C'est cette impression étrange, impossible, dont je me souviens le plus nettement. C'est à cause d'elle que j'ai gardé le souvenir de cet incident. Je me souvenais de quelque chose qui ne devait arriver que vingt-cinq ans plus tard, ou presque ! Mais ce n'était pas « voir » le futur, au sens traditionnel, c'était faire l'expérience du futur. Dans cet incident, le futur était maintenant.

Au cours de cette « expérience », je voyais droit devant moi et à droite, comme je l'ai expliqué. Je ne pouvais pas voir sur ma gauche, mais je savais bien que la personne avec laquelle j'étais marié était assise de ce côté de la pièce. Les enfants qui jouaient par terre avaient environ quatre et trois ans ; le plus âgé avait des cheveux noirs, c'était une fille ; le plus jeune avait des cheveux blonds. Pourtant, c'était un garçon. En réalité, j'ai eu deux filles. J'avais aussi conscience que, derrière le mur... il y avait quelque chose de très bizarre que je ne comprenais pas du tout. Ma conscience ne pouvait pas l'appréhender ; simplement, je savais qu'il y avait là quelque chose de différent.

Ce « souvenir » a brusquement pris vie un jour de 1968, alors que, assis sur une chaise en train de lire, je jetais un coup d'œil vers les enfants... Je me suis rendu compte que c'était le « souvenir » de 1941. Après cela, j'ai commencé à comprendre qu'il y avait quelque chose de vrai dans ces drôles de souvenirs. Et l'objet bizarre derrière le mur était un chauffage à air pulsé. Ces appareils de chauffage n'existaient pas en Angleterre et, pour autant que je sache, n'y sont toujours pas utilisés. C'est pour cela que je ne pouvais pas savoir de quoi il s'agissait ; en 1941, cela ne faisait pas partie de l'univers que je connaissais.

Alors que les scientifiques se débattent pour trouver une approche de la NDE, ils n'ont pas même le premier mot d'une explication des « voyances » survenues pendant certaines NDE. Ring se place à un point de vue hautement spéculatif et essaye de les expliquer en impliquant l'existence d'une quatrième dimension. Dans cette dimension, le sujet de la NDE peut voir sa vie comme un survol d'une chaîne de montagnes et, dans certains cas, du début jusqu'à la fin. Il ne peut rien y changer. Il peut juste la « voir ».

2

Le pouvoir de transformation de la NDE

Si les NDE présentent des variations, elles possèdent toutes le pouvoir de transformer les gens chez qui elles se produisent. Cela fait vingt ans que j'étudie la NDE, et j'attends toujours d'en rencontrer une qui n'ait pas entraîné un changement puissant et positif dans la vie du sujet.

Je ne veux pas dire que la NDE rende les gens mièvres et béni-oui-oui. Cela les rend plus positifs et plus agréables à fréquenter (surtout si ce n'était pas vraiment le cas avant leur NDE !) ; en outre, cela les amène à participer activement au monde concret. Cela les aide à affronter les aspects pénibles de la réalité d'une façon lucide, dégagée des émotions, comme ils ne l'avaient jamais fait avant.

Tous les universitaires et les médecins auxquels j'ai parlé et qui avaient interrogé des sujets sur leur NDE sont parvenus à la même conclusion : ils se sont « bonifiés » à cause de leur expérience.

Bien que les NDE fassent partie de ce que les psychologues appellent des « situations limites », elles n'ont pas d'effets négatifs comme c'est le cas pour d'autres situations de crise. Par exemple, une expérience trop dure pendant la guerre peut laisser la personne « coincée » au moment de l'épisode traumatique. Nombre d'anciens combattants du Viêtnam, par exemple, revivent les horribles scènes de destruction et de tueries auxquelles ils ont assisté à l'époque. L'hallucination va jusqu'à leur faire sentir l'odeur de la poudre et la chaleur tropicale. C'est ce que l'on appelle une réponse négative à une situation limite.

D'autres événements traumatisants — inondations, tornades, incendies, accidents de voiture — peuvent laisser les gens choqués et incapables de rejeter l'événement dans le passé. Quand cela se produit, ils sont également « coincés ».

Une expérience de mort rapprochée est une situation limite au même titre qu'un combat, un accident de voiture ou une catastrophe naturelle. D'ailleurs, les NDE sont souvent liées à ce type de choc. Seulement, au lieu de rester paralysés sous le choc, les sujets répondent au travers de la NDE toujours de la même façon. Il semble que la NDE demande à la personne d'entreprendre une action positive dans sa vie. Certains sujets disent que, ce qui les y pousse, c'est la paix donnée par la pensée d'une vie après la vie. Pour d'autres, c'est leur rencontre avec un être supérieur qui leur a donné accès à une certaine compréhension.

Un certain nombre de recherches ont été menées sur les pouvoirs de transformation de la NDE. Une de celles que je préfère vient de Charles Flynn, un sociologue de l'université de Miami dans l'Ohio.

Il a exploité les données de vingt et un questionnaires collectés par Kenneth Ring. Il voulait savoir quels étaient les changements spécifiques opérés par la NDE.

Il a découvert que, par-dessus tout, les sujets deviennent beaucoup plus altruistes. La croyance en une vie après la vie augmente également, tandis que décroît considérablement la crainte de la mort.

Je trouve les découvertes de Flynn très encourageantes. Ce type de travaux nous indique que la NDE — bien que « secouante » — est une expérience positive. Nous ne savons pas encore comment la NDE affecte les opinions des millions de personnes à qui cela arrive sur des questions comme la guerre nucléaire ou la faim dans le monde ; nous ignorons même quelles peuvent en être les conséquences sur leur vie de couple. En revanche, ce qui paraît sûr, c'est que cela donne du cœur.

Toute ma pratique psychiatrique est orientée vers le conseil de patients qui ont eu une NDE. Cette expérience les a obligés à affronter une foule de difficultés que la plupart d'entre nous n'ont jamais à connaître, mais ils en ont tous été transformés dans le bon sens du terme. Comme le montrent les cas suivants, la NDE facilite l'évolution individuelle.

Un des exemples les plus frappants vient d'un homme que j'appellerai Nick. C'était un escroc de grande envergure, un vrai truand qui avait tout fait, depuis l'escroquerie des veuves jusqu'au trafic de drogue. Le crime lui avait procuré une vie confortable. Il avait de belles voitures, des vêtements élégants, des maisons neuves et aucun scrupule de conscience pour l'ennuyer.

C'est alors que sa vie changea. Un jour, il jouait au golf. Le temps était couvert et un orage éclata brusquement. Avant d'avoir pu quitter le green, il fut frappé par la foudre et « tué ».

Il plana au-dessus de son corps pendant un moment puis se retrouva en train de foncer dans un tunnel sombre vers un point lumineux. Il émergea dans un paysage pastoral éclatant et y fut accueilli par des parents et d'autres personnes « qui brillaient comme des lampes tempête ».

Il fut mis en présence d'un Être de Lumière qu'il continue d'appeler Dieu, mais de façon hésitante. Cet Être le guida gentiment dans une revue de sa vie. Il revécut toute sa vie. Il ne voyait pas seulement ses actes en trois dimensions : il en voyait et en sentait les conséquences pour les autres.

Cette expérience transforma Nick. Plus tard, alors qu'il était en convalescence à l'hôpital, il prit pleinement conscience de l'impact du spectacle de sa vie. Avec l'Être de Lumière, il avait été exposé à l'amour pur. Il pensait que le jour où il mourrait vraiment, il devrait de nouveau subir cette vision. Or, cela serait très pénible s'il n'en tirait pas tout de suite les conséquences.

« Maintenant, dit Nick, je ne peux plus vivre comme si je ne savais pas qu'un jour je devrais encore une fois revoir toute ma vie. »

Je ne vous dirai pas comment il gagne sa vie à présent ! Simplement, je peux vous garantir qu'il exerce un métier honnête et utile aux autres.

Un autre homme, appelons-le Mark, a radicalement transformé sa vie à la suite d'une NDE. Toute sa vie, il avait été obsédé par l'argent et la position sociale. Il dirigeait une société d'équipements médicaux, plus soucieux de vendre vite et d'encaisser encore plus vite son argent que d'assurer le service après-vente.

Il en était là quand, vers les quarante-cinq ans, il eut une crise cardiaque. Une NDE s'ensuivit, au cour de laquelle il retrouva sa grand-mère, avec de nombreux membres de sa famille, et se sentit rempli de leur pur amour.

Une fois réanimé, il commença à voir la vie dans une perspective totalement différente. Tout ce qui l'avait fait courir jusque-là était maintenant relégué parmi ses dernières préoccupations, bien après sa famille, ses amis et le savoir.

Il me dit que, pendant son séjour « de l'autre côté », il avait passé un accord avec l'Être de Lumière : il s'engageait à ne plus se concentrer autant sur l'argent. Au lieu de cela, il chercherait à être bon.

Non sans ironie, cette nouvelle attitude lui avait valu un meilleur chiffre d'affaires. « Je suis plus agréable à fréquenter, me dit-il avec un sourire. Alors les gens veulent m'acheter plus de matériel ! »

Les chercheurs qui ont interrogé grand nombre de sujets ont confirmé les effets de la NDE. Certains ont signalé la « sérénité lumineuse » que dégagent beaucoup de ces personnes. Tout se passe comme si elles avaient vu l'avenir et savaient que tout irait bien.

Aucune peur de la mort

Après une NDE, les gens n'ont plus peur de la mort. Cela n'a pas tout à fait le même sens selon les gens. Pour certains, la peur provient à l'origine de la terrible souffrance qu'ils imaginent aller de pair avec la mort. D'autres s'inquiètent du sort de ceux qu'ils aiment après leur disparition. D'autres encore sont effrayés par l'absence permanente de conscience.

Les gens qui veulent tout contrôler, les gens autoritaires redoutent cette perte de contrôle sur eux-mêmes et les autres que la mort représente pour eux. Beaucoup craignent le feu de l'enfer et la damnation. D'autres encore ont simplement peur de l'inconnu.

Quand les gens qui ont eu une NDE disent qu'ils n'ont plus peur de la mort, en général cela signifie qu'ils n'ont plus peur de l'effacement de la conscience ou du soi. Ce qui ne veut pas dire qu'ils sont pour autant pressés de mourir. Ce que ces gens affirment, c'est que cela rend leur vie plus riche et plus pleine qu'avant. Ceux que je connais veulent plus que jamais continuer à vivre. En fait, beaucoup de ces personnes ont même le sentiment de commencer enfin à vivre !

Comme l'a dit l'une d'elles :

« Pendant mes 56 premières années, j'ai vécu dans la peur constante de la mort. Je voulais avant tout éviter la mort, qui m'apparaissait comme une chose épouvantable. Après cette expérience, j'ai compris qu'en vivant dans cette crainte de la mort, je m'empêchais de profiter de la vie. »

La crainte de l'enfer en punition des péchés disparaît aussi chez beaucoup de gens. Quand ils voient défiler leur vie devant eux, ils se rendent compte que cet Être de Lumière les aime et s'occupe d'eux. Ils comprennent qu'il n'est pas là pour les juger, mais plutôt pour les aider à devenir meilleurs. Cela les aide à se libérer de la peur et à mieux aimer les autres.

Il faut bien comprendre que cet Être de Lumière ne leur dit pas qu'ils doivent changer. D'après mes conclusions, formées après l'audition de centaines de sujets, les gens décident de changer parce qu'ils se trouvent en présence de la bonté parfaite. C'est cela qui leur donne la volonté de changer radicalement de conduite.

Un des sujets que j'ai rencontrés, un prêcheur, ne savait parler dans ses sermons que de l'enfer, du feu et du soufre. Il lui arrivait souvent, me dit-il, d'affirmer aux fidèles que s'ils ne croyaient pas en la Bible de telle façon plutôt que de telle autre, ils seraient condamnés au feu éternel.

Au cours de sa NDE, l'Être de Lumière lui dit de ne plus parler de cette façon à ses fidèles. Mais, me fit-il remarquer, ce n'était pas fait sous forme d'une demande. L'Être lui montra simplement que sa façon de prêcher empoisonnait horriblement la vie des gens. Quand ce prêcheur de l'enfer retrouva son pupitre, ce fut avec un message d'amour et non plus de terreur.

De même, la peur de perdre le contrôle quitte les gens qui se conduisaient de façon autoritaire avant leur NDE. Très souvent, le besoin de tout contrôler prend sa source dans la peur. Beaucoup de gens m'ont dit que, après leur NDE, ils sentent bien qu'ils ne peuvent plus vivre en fonction de la peur. Cela vient en partie de ce qu'ils croient dorénavant à un au-delà. Cela vient aussi de cet aperçu du bonheur qu'ils ont eu. Comment pourraient-ils rester craintifs et malheureux après avoir entrevu la béatitude ?

La peur de la mort s'atténue donc, mais pas la volonté de vivre. La plupart des sujets que j'ai rencontrés sont mentalement plus sains qu'avant leur expérience. En dépit de leur confiance en un au-delà, ils ne se sentent absolument pas pressés d'« arrêter les comptes » de leur existence en cours. Comme l'un d'eux me l'a expliqué :

> Cela ne vous donne pas envie d'aller vous faire écraser par un camion pour retourner là-haut. J'ai toujours un solide instinct de survie. Cette expérience m'a fait voir que la volonté de survie est un instinct.
>
> Peu après mes crises cardiaques, je suis tombé du haut du perron de ma maison. Tout en tombant, je me sentais désespérément en train d'essayer d'agripper quelque chose pour me retenir. Je me disais bien : « C'est bizarre. Tu sais où tu iras si tu meurs et à quel point ce sera merveilleux. » Mais cela ne m'empêchait pas de sentir la peur me serrer la gorge. L'instinct de survie. Il ne vous abandonne pas quand vous vivez une de ces expériences.

La prise de conscience de l'importance de l'amour

« As-tu appris à aimer ? » est une question à laquelle presque tous les gens qui ont une NDE sont confrontés au cours de leur expérience. Quand ils en reviennent, presque tous disent que l'amour est la chose la plus importante de la vie. Beaucoup affirment que c'est la raison pour laquelle nous sommes en ce monde. Pour la plupart, c'est la marque du bonheur et de l'accomplissement. A côté de l'amour, toutes les autres valeurs pâlissent.

Comme on s'en doute, cette révélation affecte radicalement l'échelle de valeurs de la plupart des sujets. S'ils étaient sectaires, ils ne voient plus les gens que comme des personnes aimées. S'ils mettaient la réussite matérielle au-dessus de tout, ils lui substituent l'amour fraternel. L'un d'entre eux m'a confié :

> Vous savez, cette expérience se répercute sur votre vie de tous les jours, et pour toujours. Le seul fait de marcher dans la rue devient une expérience totalement différente, vous pouvez me croire. Avant, je marchais enfermé dans mon petit monde à moi tout en pensant à une foule de petits problèmes. Maintenant, quand je marche dans la rue, je me sens baigné dans un océan d'humanité. J'ai envie de connaître tous les gens que je croise et je suis sûr que, si je les connaissais, je les aimerais.
>
> Un homme qui travaille dans le même bureau que moi m'a demandé pourquoi je suis toujours souriant. Je ne lui avais pas parlé de mon expérience, alors je lui ai expliqué que j'avais failli mourir et que j'étais heureux d'être encore vivant. Et je n'ai pas insisté. Un jour, il trouvera sa propre réponse.

L'impression d'être relié à tout

Les sujets des NDE en reviennent avec l'impression que, dans l'univers, tout est relié. C'est un concept qu'ils ont du mal à préciser, mais la plupart éprouvent pour la nature et le monde environnant un respect qu'ils ne ressentaient pas auparavant.

Une description éloquente de ce sentiment a été donnée par un homme d'affaires acharné au travail et plus que réaliste. Il avait vécu une NDE au cours d'un arrêt cardiaque, à soixante-deux ans :

> La première chose que j'ai vue en me réveillant à l'hôpital était une fleur et j'ai pleuré. Croyez-le ou pas, je n'avais jamais vraiment regardé une fleur avant de revenir de la mort. Une des grandes choses que j'ai apprises quand je suis mort, c'est que nous faisons partie d'un grand tout, de l'univers vivant. Si nous pensons pouvoir faire du tort à une autre personne ou à une autre chose vivante sans nous faire du tort à nous-mêmes, nous nous trompons lourdement. Maintenant, quand je regarde une forêt, une fleur ou un oiseau, je me dis : « C'est moi, cela fait partie de moi. » Nous sommes reliés à tout ce qui existe et si nous envoyons de l'amour par l'intermédiaire de ces liens, alors nous sommes heureux.

Le goût de l'étude

Les sujets témoignent aussi d'un nouveau respect pour le savoir. Certains disent que c'est la conséquence de la re-vision de leur vie. L'Être de Lumière leur a fait comprendre que l'on ne cesse pas d'apprendre quand on meurt, que l'on peut emmener avec soi ce que l'on a appris. D'autres font état d'un secteur de l'après-vie entièrement réservé à ceux qui se passionnent pour l'acquisition de nouvelles connaissances.

Une femme a décrit cet endroit comme une immense université où les gens étaient plongés dans de grandes conversations sur le monde qui les entourait. Un homme l'a défini comme un état de conscience où tout ce que vous voulez vous est accessible. Il suffit de penser à ce que vous voulez savoir pour que cela apparaisse devant vous, prêt à être étudié. Pour cet homme, c'était presque comme si l'information était disponible en colis de pensée.

Cela s'applique à n'importe quel type d'information. Par exemple, si je voulais savoir à quoi ressemble d'être président de la République, il me suffirait de désirer faire cette expérience pour me sentir en train de la vivre ! Ou bien, si je voulais savoir ce que c'est d'être un insecte, je n'aurais qu'à simplement « commander » l'expérience en la souhaitant, et je l'aurais.

Cette expérience d'acquisition du savoir — brève mais forte — a changé la vie de beaucoup de gens. Le court moment pendant lequel ils ont eu la possibilité de tout apprendre leur a donné une immense soif de connaissances.

Il n'est pas rare de les voir entreprendre une nouvelle carrière ou des études sérieuses et longues. Toutefois, aucun des sujets que je connais n'a cherché à apprendre pour apprendre. Au contraire, tous considèrent que le savoir n'a d'importance que s'il contribue à l'unité de la personne. Encore une fois, ce sentiment d'être connecté avec l'univers joue un rôle déclencheur : le savoir est une bonne chose s'il fait partie d'un tout.

L'homme d'affaires déjà cité a dit cela mieux qu'aucun chercheur :

> Docteur, je dois vous avouer que, avant ma crise cardiaque, je n'avais que mépris pour les intellectuels. J'ai fait mon chemin avec un très petit bagage scolaire et j'ai travaillé dur. Il y a une université pas loin de chez moi et j'avais toujours pensé que les professeurs n'étaient que des paresseux, ne faisaient rien de réellement valable, et vivaient aux crochets des gens qui travaillent vraiment. J'ai dit à plus d'un ce que j'en pensais, que je travaillais parfois sept jours sur sept et de dix à douze heures par jour pour qu'ils puissent faire des recherches et écrire des livres totalement coupés de la réalité.

Mais pendant que les médecins disaient que j'étais mort, cette personne avec laquelle j'étais, cette lumière, le Christ, m'a montré une dimension du savoir, si je puis dire. Je ne sais pas comment vous l'expliquer, mais ce n'est pas grave parce que tout le monde finit par voir ça de près un jour ou l'autre, qu'on y croie ou pas.

C'est une expérience qui m'a rendu humble. Je ne méprise plus les professeurs. Le savoir est important. Maintenant, je lis tout ce qui me tombe sous la main, vraiment. Je ne regrette pas d'avoir suivi le chemin que j'ai suivi dans la vie, mais je suis heureux d'avoir le temps de m'instruire à présent. L'histoire, la science, la littérature, tout m'intéresse. Ma femme me taquine sur les livres qui s'entassent dans notre chambre. Disons que, d'une certaine façon, il y en a qui m'aident à mieux comprendre mon expérience. Tout se recoupe, d'une façon ou d'une autre, parce que, comme je vous l'ai dit, quand vous avez une de ces expériences, vous voyez bien que tout est en relation.

Un sentiment nouveau de maîtrise

Tous les sujets se sentent plus responsables du cours de leur vie. Ils deviennent aussi extrêmement sensibles aux conséquences à court terme et à long terme de leurs actes. C'est cet extraordinaire « spectacle de la vie » revu comme si l'on était quelqu'un d'autre, qui donne aux gens la capacité d'envisager leur vie avec objectivité.

Les sujets me disent que cette vision leur permet de regarder leur vie comme si c'était un film projeté sur un écran. Très souvent, ils ressentent les émotions liées aux scènes qu'ils voient, non seulement leurs propres émotions, mais aussi celles des gens qui les entourent. Ils peuvent voir comment des événements apparemment sans lien sont reliés, et découvrent leurs « droits » comme leurs « torts » avec une lucidité parfaite. Cette expérience leur a appris que, à la fin de leur vie, ils devront être à la fois l'agent et le destinataire de toutes leurs actions.

J'attends toujours de rencontrer une personne qui, ayant connu cette expérience, ne me dise pas que cela l'a rendue plus scrupuleuse dans le choix de ses actes. Il ne faudrait toutefois pas s'y méprendre : je ne dis pas que cela donne aux gens un sentiment de culpabilité névrotique. Ce sens de la responsabilité individuelle est positif et ne se manifeste pas sous forme d'un sentiment de culpabilité inquiète.

Une femme, qui a récemment terminé ses études de sociologie et a eu une NDE le jour de ses vingt-trois ans, m'a dit :

> La chose la plus importante que m'a apprise cette expérience est que je suis responsable de tout ce que je fais. Les excuses et les échappatoires étaient impossibles quand j'étais avec lui en train de revoir ma vie. Et ce n'est pas tout. J'ai vu que la responsabilité n'est pas un mal, loin de là, que je ne peux invoquer des excuses ou essayer de rejeter mes échecs sur quelqu'un d'autre. C'est drôle, mais, d'une certaine façon, mes échecs me sont devenus chers, justement parce que ce sont mes échecs, et qu'ils ont beaucoup à m'apprendre, pour le meilleur et pour le pire.
>
> Je me souviens plus particulièrement d'un détail de cette revue de ma vie. C'était pendant mon enfance, quand j'avais arraché son panier de Pâques à ma petite sœur parce qu'il y avait dedans un jouet que je voulais. Eh bien, en revoyant cette scène, j'ai senti la déception qu'elle avait alors éprouvée, son sentiment d'être rejetée et frustrée.
>
> Si nous savions ce que nous faisons aux gens quand nous agissons sans amour ! Mais il est merveilleux que notre destin ne nous permette pas d'en rester inconscients. Si quelqu'un ne me croit pas là-dessus, c'est d'accord, je le retrouverai dans l'autre vie quand il aura

eu l'occasion de le découvrir : alors, nous pourrons en parler...

Tout ce que vous avez fait est là (dans la revue), pour que vous puissiez l'évaluer et, aussi déplaisant que cela puisse être par moments, vous vous sentez si bien quand c'est fait. Dans la vie, vous pouvez biaiser, vous trouver des excuses ou même tricher. Et vous pouvez vous sentir très misérable, si vous le voulez, en faisant toutes ces tricheries. Mais pendant cette revue, il n'y avait plus de tricherie. J'étais moi-même la personne que je blessais et j'étais aussi la personne que j'aidais à se sentir bien. J'aimerais trouver le moyen de faire comprendre à tout le monde comme c'est bon de se sentir responsable et de vivre une pareille expérience où il est impossible de ne pas faire face.

C'est le sentiment le plus libre que l'on puisse éprouver. C'est un véritable défi, chaque jour de ma vie, de savoir qu'à ma mort je vais revoir chacun de mes actes et que je ressentirai enfin tout ce que j'ai provoqué chez les autres. C'est sûr que cela m'arrête et me fait réfléchir. Je n'en ai pas peur. Je m'en réjouis.

Un sentiment d'urgence

« Un sentiment d'urgence » est une expression qui revient sans cesse quand je parle avec les gens qui ont eu une NDE. Très souvent, ils l'emploient à propos de la brièveté et de la fragilité de l'existence. Mais ils expriment aussi souvent un sentiment d'urgence devant un monde où de simples humains détiennent d'énormes pouvoirs de destruction.

J'ignore pourquoi ils éprouvent cela, mais il semble que cela les maintienne dans un état d'appréciation profonde de la vie. Après une NDE, les gens tendent à déclarer que la vie est précieuse, que ce sont « les petites choses » qui comptent, et qu'il faut vivre sa vie aussi pleinement que possible.

Une femme m'a dit que, contrairement à ce qu'on pourrait croire, la vision de la vie ne montre pas seulement les grands événements. Elle m'a précisé qu'on y revoit aussi toutes les petites choses. Par exemple, un des incidents qui lui revint avec beaucoup de puissance s'était passé un jour où elle avait trouvé une petite fille perdue dans un grand magasin. L'enfant pleurait. Elle l'avait soulevée pour l'asseoir sur un comptoir et lui avait parlé jusqu'à ce que sa mère arrive.

Dans la vision de cette femme, c'était ce genre de choses, les petites choses que l'on fait sans même y penser, qui avaient eu le plus d'importance.

L'Être demande à beaucoup de gens : « Que se passait-il dans votre cœur quand cela se produisait ? » C'est comme s'il leur disait que les simples gestes de bonté qui viennent du cœur sont les plus importants parce que les plus sincères.

Une vie spirituelle plus forte

Une NDE entraîne presque toujours un intérêt pour la spiritualité. La plupart des gens qui ont eu une NDE étudient et acceptent l'enseignement spirituel des grands maîtres.

Cela ne signifie pas pour autant qu'ils deviennent des piliers de l'église locale. Au contraire, ils ont tendance à abandonner les doctrines religieuses en elles-mêmes.

Un homme qui avait été au séminaire avant d'avoir une NDE m'a décrit cette attitude d'une façon succincte, mais qui oblige à réfléchir.

> Mon médecin m'a dit que j'étais « mort » pendant qu'on m'opérait. Mais je lui ai dit que j'étais venu à la vie. J'ai vu, dans cette vision, quel âne bâté j'étais avec toute cette théologie, à regarder de haut tous ceux qui n'appartenaient pas à la même religion que moi ou ne souscrivaient pas à mes certitudes théologiques.

Beaucoup de gens que je connais vont être surpris quand ils sauront que le Seigneur ne s'intéresse pas à la théologie. Apparemment, il trouve cela plutôt amusant, parce qu'il ne s'intéressait pas du tout à mon appartenance religieuse. Il voulait savoir ce que j'avais dans le cœur, pas dans la tête.

Le retour dans le monde « réel »

Certains chercheurs ont qualifié la réadaptation au monde concret de « syndrome de retour ». Pourquoi un sujet de NDE ne pourrait-il avoir des difficultés à se réadapter ? Quand on a goûté à un paradis spirituel, revenir sur terre ne serait-il pas un supplice pour quiconque ?

Il y a plus de 2000 ans, Platon a traité de ce syndrome dans *La République*. Il nous y invite à imaginer un monde souterrain où l'on garde des gens prisonniers depuis leur naissance, enchaînés et faisant face au mur du fond d'une caverne, de sorte qu'ils ne peuvent voir que les ombres de ce qui passe devant le feu allumé derrière eux.

Supposez, dit Platon, qu'un de ces prisonniers soit libéré de ses liens et retiré de la caverne pour être amené dans notre monde et y découvrir la beauté. Si on l'obligeait ensuite à redescendre dans le monde des ombres, il ne pourrait parler de son expérience sans être ridiculisé et moqué par les prisonniers qui n'ont jamais quitté la caverne. En plus du ridicule à supporter, il aurait des difficultés à se conformer aux dogmes d'un monde restrictif.

Ce sont ces difficultés auxquelles je suis confronté dans ma pratique psychiatrique. J'ai commencé ce que j'appelle une « pratique spirituelle » en 1985, quand je me suis rendu compte que la plupart des gens qui ont des expériences spirituelles hors du commun ont des difficultés à les intégrer dans leur vie de tous les jours.

Par exemple, beaucoup de gens n'écoutent pas quand quelqu'un veut raconter sa NDE. L'événement les dérange et ils pensent peut-être même avoir affaire à un malade mental. Pourtant, du point de vue du sujet, c'est quelque chose de très important qui lui est arrivé, quelque chose qui a changé sa vie. Or, on refuse de l'écouter avec sympathie. Il a donc tout simplement besoin de quelqu'un qui le comprenne et l'écoute.

De façon assez étonnante, les gens qui ont eu une NDE ne trouvent en général qu'un appui restreint chez leur conjoint et leur famille quand ils veulent en parler. Souvent, les nets changements de la personnalité qui vont de pair avec la NDE créent des tensions familiales. Par exemple, des gens qui ont réprimé leurs émotions depuis des années à l'intérieur de leur couple deviennent soudain très communicatifs. Cela peut être très embarrassant pour le conjoint. Pour ce dernier, c'est presque comme de se retrouver marié avec une autre personne.

> Quand je suis « revenu », personne ne savait très bien comment me prendre. A l'époque où j'ai eu ma crise cardiaque, j'étais quelqu'un de très tendu et coléreux. Si mes affaires n'allaient pas comme je le voulais, je devenais impossible à vivre. C'était vrai à la maison comme au travail. Si ma femme n'était pas prête à l'heure quand nous allions quelque part, j'explosais et je lui gâchais toute sa soirée.
>
> Pourquoi elle l'a supporté, je l'ignore. Je suppose pourtant qu'elle avait fini par s'y habituer parce que, après ma NDE, elle a eu un mal fou à supporter mon calme. Je ne crie plus jamais après elle. Je ne la pousse plus à faire des choses, ni personne d'autre d'ailleurs. Je suis devenu la personne la plus facile à vivre et ce changement a presque été impossible à supporter pour elle. Il m'a fallu beaucoup de patience — quelque chose qui me manquait totalement avant — pour empêcher

notre couple de se briser. Elle n'arrêtait pas de me dire : « Tu as tellement changé depuis ton attaque. » Je crois que, en réalité, elle voulait dire : « Tu es devenu fou. »

Pour soulager ces tensions, je réunis parfois un groupe de gens qui ont eu une NDE avec leurs conjoints, pour qu'ils puissent partager avec les autres les effets de la NDE sur leur vie de famille. Ils découvrent alors que d'autres gens ont les mêmes problèmes qu'eux et ils essayent d'apprendre à vivre avec cette nouvelle personne qu'est devenu leur conjoint.

Une des autres choses qui leur arrive, c'est qu'ils ont presque une nostalgie de cet état de béatitude qu'ils ont découvert au cours de leur NDE. Quand ils reviennent en ce bas monde, l'autre monde leur manque. Ils doivent apprendre à vivre avec cette nostalgie.

En 1983, j'ai donné une conférence sur la façon de se conduire avec quelqu'un qui a eu une NDE. Il y avait dans la salle de nombreux représentants des professions médicales qui avaient l'habitude de la NDE. Au cours de ce séminaire, qui durait trois jours, plusieurs protocoles de conduite avec les patients confrontés à ces crises spirituelles furent élaborés. J'en donne quelques-uns ci-dessous pour que le lecteur puisse se rendre compte d'une partie des difficultés que l'on rencontre pour intégrer les NDE.

— *Laisser la personne parler librement de son expérience.* Écouter avec compréhension et laisser la personne parler de sa NDE autant qu'elle le désire. Ne pas profiter de l'occasion pour essayer de soulager ses propres inquiétudes sur l'au-delà ou tenter de prouver ses propres thèses sur la question. Le sujet a vécu une expérience intense, et il ou elle a besoin de pouvoir raconter ce qui s'est passé, tel que cela s'est passé, à une oreille attentive.

— *Rassurer la personne sur le fait que son expérience n'est pas unique*: il faut lui dire que ce type d'expérience est très répandu. Il faut aussi lui dire que l'on ne comprend pas vraiment pourquoi cela arrive, mais que les nombreuses personnes qui ont connu cela en sont sorties plus fortes.

— *Dire de quoi il s'agit*: des millions de gens ont eu une NDE, mais peu savent seulement comment cela s'appelle. Il faut leur expliquer qu'ils ont eu une expérience de mort rapprochée. Quand ils peuvent mettre un nom sur leur expérience, les gens ont un outil pour penser cette aventure bouleversante et inattendue.

— *Ne pas laisser la famille à l'écart*: L'évolution qu'entraîne la NDE chez le sujet est souvent difficile à supporter pour son entourage. Un père de famille qui était, avant sa NDE, un « dur » devient brusquement plus « cool ». La famille, habituée à un chef de famille exigeant et tendu, peut avoir du mal à s'y retrouver.

Il est important d'encourager le dialogue à l'intérieur de la famille; c'est à cette condition que les réactions de chacun viendront au jour et pourront être discutées avant de provoquer une fissure dans la structure familiale.

— *Rencontrer d'autres personnes qui ont eu une NDE*. Très souvent, quand j'ai un nouveau cas de NDE, je fais rencontrer à la personne des « anciens » de la NDE. Au cours des années, j'ai organisé plusieurs séances de thérapie de groupe avec des sujets de NDE. Les gens y sont envoyés par leur médecin. Dans l'idéal, un groupe se compose de quatre personnes qui parlent simplement des difficultés nées de leur NDE.

Ces séances de groupe comptent parmi les plus étonnantes auxquelles j'aie jamais assisté. Les participants y parlent avec des mots de tous les jours d'un événement banal, non pas d'une hallucination, d'un fantasme ou d'un rêve. C'est un peu comme s'ils avaient fait ensemble un voyage dans un autre pays.

J'invite fréquemment les conjoints à ces séances de groupe car cela les rassure de se retrouver avec d'autres couples qui connaissent la même situation. Les études effectuées montrent qu'il est souvent question de divorce quand l'un des deux conjoints a fait une NDE, à cause des transformations de sa personnalité. Les gens qui se trouvent nouvellement confrontés à cette situation peuvent, en rencontrant d'autres couples, savoir comment ceux-ci ont intégré la NDE dans leur vie familiale.

Bien sûr, dans certains cas, le conjoint est ravi d'avoir un partenaire « radouci », mais ce n'est pas toujours vrai. Même s'ils répètent depuis des années qu'ils aimeraient voir leur conjoint se calmer, le jour où cela arrive, ils ne l'apprécient pas du tout. Ils interprètent parfois cette évolution comme la preuve d'une maladie mentale ou d'une perte d'énergie.

L'International Association for Near-Death Studies (IANDS, Association internationale de recherches sur les états proches de la mort) finance des groupes de soutien sur la NDE dans tous les États-Unis, et de façon régulière dans une trentaine de villes. Pour tous renseignements, écrire aux : « Friends of IANDS », Department of Psychiatry, University of Connecticut, Health Center, Farmington, CT 06032.

— *Pousser les gens à lire sur la NDE* : on appelle « bibliothérapie » ce type de thérapie. En général, les psychiatres et psychologues ne le recommandent pas car la plupart des patients ne trouvent pas rassurant de lire ce que l'on écrit sur leurs difficultés psychologiques. Après tout, un schizophrène ne trouverait pas apaisant de voir les symptômes de sa maladie décrits noir sur blanc. Or, dans le cas d'une

NDE, on se trouve dans une situation très différente puisqu'on ne la considère pas comme un trouble mais comme une expérience spirituelle.

J'ai découvert que, après leur avoir laissé le temps d'intégrer eux-mêmes leur expérience, il est important de renvoyer les gens qui ont eu une NDE à quelques bons livres sur le sujet. Cela leur donne la possibilité d'étudier les variétés de l'expérience et d'y penser tranquillement.

Le but est d'aider la personne à intégrer sa NDE dans sa vie courante et à utiliser les changements occasionnés dans un sens constructif et positif.

Aussi limitées que soient les recherches faites sur ce sujet, elles montrent bien que ces changements sont tout à fait positifs. Que la NDE soit une incursion dans le monde de l'au-delà ou quelque chose de moindre, elle a de toute façon de profondes conséquences pour les gens. Comme l'a dit une sociologue : « Les choses sont réelles quand elles ont des conséquences réelles. »

3

Les enfants et la NDE : rencontre de l'ange gardien

La NDE prend un sens particulier chez les enfants. Quand ils interrogent un de ces enfants sans idées préconçues, les chercheurs ont la chance d'approcher quelqu'un qui n'a encore que très peu réfléchi à la vie, à la mort et à l'au-delà. L'enfant n'est pas encore blasé par le monde environnant et n'a aucune idée de quoi que ce soit qui ressemble à une expérience de mort rapprochée.

C'est parce que les enfants sont culturellement moins conditionnés que les adultes que leurs témoignages renforcent la validité de la description de la NDE de base.

Même quand ce ne sont encore que des bébés — même à six mois comme on va le voir — les enfants décrivent les mêmes symptômes que les adultes, et dans toutes les cultures : sensation de voir son propre corps depuis un point élevé et extérieur au corps physique ; vision de tous les événements de la vie ; entrée dans un tunnel ; rencontre avec d'autres êtres, y compris des parents vivants et décédés ; rencontre d'un être de lumière ; prise de conscience d'une présence divine ; retour au corps.

D'après un vieux dicton, la vérité sort de la bouche

des enfants. Cela se vérifie déjà souvent dans la vie mais encore plus quand il s'agit de la NDE.

Mon premier cas de NDE infantile

Je l'ai découvert par hasard alors que j'étais interne dans un hôpital de Géorgie. Je procédais à un examen de routine sur Sam[1], un jeune malade de neuf ans qui, à cause d'une maladie des glandes surrénales, avait fait un arrêt cardiaque un an plus tôt et avait failli mourir.

Je parlais avec lui de sa maladie quand il me dit spontanément d'une petite voix : « L'année dernière, je suis mort. »

Je l'amenai tout doucement à me raconter ce qui lui était arrivé. Il m'expliqua que, après être mort, il avait flotté hors de son corps. Il voyait, au-dessous de lui, le médecin qui appuyait sur sa poitrine pour faire repartir le cœur. Sam, dans cet état de conscience modifié, essaya d'empêcher le médecin de continuer à le frapper mais il ne put attirer son attention.

A ce moment, Sam se sentit monter très rapidement dans l'air, tandis que la terre s'éloignait sous ses pieds.

Ensuite, il traversa un tunnel obscur. Au bout du tunnel, il y avait un groupe d'« anges » qui l'accueillit. Je lui demandai si ces anges avaient des ailes : il me répondit que non.

« Ils brillaient », me dit-il. Ils étaient lumineux et ils l'aimaient tous beaucoup.

Là-bas, me dit-il, tout était rempli par la lumière. Pourtant, à travers tout cela, il voyait des paysages campagnards et très beaux. Cet endroit céleste était entouré d'une barrière. Les « anges » lui expliquèrent

1. Les noms sont tous modifiés.

que, s'il dépassait la barrière, il ne pourrait plus retourner à la vie. Un Être de Lumière (Sam l'appelait Dieu) lui dit alors qu'il devait repartir et rentrer dans son corps.

« Je ne voulais pas repartir mais il m'a forcé », ajouta Sam.

Cette conversation me passionnait. Chez les gens qui ont une NDE très jeunes, l'expérience semble intégrée à la personnalité. C'est quelque chose qui les suit toute leur vie et qui les transforme. La mort ne leur fait plus peur comme aux autres. Au contraire, ils ont les yeux de quelqu'un qui a vu notre prochaine existence.

Ce savoir les rend très sensibles et très responsables, leur permet d'envisager la vie avec une maturité peu courante. Très souvent, ils expriment une certaine nostalgie de leur expérience, même plusieurs années après. Et quand ils ont des difficultés, ils y trouvent un réconfort car, comme me l'a dit l'un d'eux, ils sont « allés de l'autre côté ».

Un homme qui avait eu une NDE dans son enfance m'a raconté que, depuis, il avait failli mourir deux fois. Dans l'un des cas, c'était la guerre. Dans l'autre, il avait été forcé à rester allongé par terre dans une épicerie par un tireur fou qui faisait un hold-up et menaçait de le tuer pour servir d'exemple aux autres otages.

Il me dit qu'il n'avait eu peur dans aucune de ces deux occasions. La peur qu'il aurait pu éprouver avait été remplacée par des souvenirs de sa rencontre avec l'Être de Lumière.

« Une lumière très vive »

Quelques études ont conclu que les NDE sont le produit du mécanisme de défense de l'esprit contre la peur de mourir. Les NDE des enfants réfutent catégoriquement cette théorie car les enfants ont une perception de la mort très différente de celle des adultes.

Avant l'âge de sept ans, par exemple, les enfants ont tendance à penser la mort comme temporaire, peut-être un peu comme une période de vacances. Pour eux, la mort est quelque chose dont on revient. Entre sept ans et dix ans, environ, la mort est un concept magique que l'on remplace dans les années suivantes par les connaissances sur la décomposition organique qu'implique la mort. Dans la période des sept-dix ans, l'enfant personnifie la mort. Il la voit comme une sorte de monstre ou de personnage fantastique qui va le dévorer. La personnification est poussée au point qu'il pense que le monstre se cache dans le noir et qu'il pourra s'enfuir si ce monstre apparaît.

A tout point de vue, la façon dont l'enfant perçoit la mort diffère de celle de l'adulte. Par exemple, beaucoup d'adultes craignent l'effacement de la conscience, tandis que d'autres ont peur de la souffrance qu'ils imaginent liée au processus de la mort. D'autres ont peur d'être seuls ou séparés de leurs parents et amis ; d'autres encore ont peur de l'enfer, du feu et de la damnation. Certains redoutent la perte de contrôle liée à la mort, l'incapacité de continuer à s'occuper de leurs affaires, de leur famille, de leurs intérêts quels qu'ils soient. Il y en a même qui éprouvent la crainte primitive du démembrement.

Les enfants n'ont pas encore ce « conditionnement culturel ». Et les gens qui ont fait une NDE dans leur enfance, en général, n'ont pas ce conditionnement une fois parvenus à l'âge adulte. Ils craignent très peu de mourir et parlent souvent avec plaisir de leur NDE. Quelques-uns des enfants auxquels j'ai parlé ont exprimé le désir de « retourner dans la lumière ».

Un de ces enfants est une petite fille, Nina. Elle eut une NDE pendant qu'on l'opérait d'une appendicite. Les chirurgiens entreprirent immédiatement de la réanimer ; elle découvrit elle-même soudain cette scène depuis un point surélevé, situé à l'extérieur de son corps.

Je les ai entendus dire que mon cœur s'était arrêté, mais j'étais au plafond, en train de tout regarder. De là-haut, je pouvais voir tout ce qui se passait. Je flottais tout près du plafond ; c'est pour ça que, quand j'ai vu mon corps, je ne me suis pas rendu compte que c'était le mien. Je suis sortie dans le couloir et j'ai vu ma mère en train de pleurer. Je lui ai demandé pourquoi elle pleurait mais elle ne pouvait pas m'entendre. Les docteurs pensaient que j'étais morte.

Alors, une belle dame est arrivée pour m'aider parce qu'elle savait que j'avais peur. Elle m'a emmenée dans un tunnel et on est arrivées au ciel. Il y a des fleurs merveilleuses au ciel. J'étais avec Dieu et Jésus. Ils ont dit que je devais repartir pour retrouver ma maman parce qu'elle était bouleversée. Ils ont dit que je devais finir ma vie. Alors je suis revenue et je me suis réveillée.

Le tunnel où je suis allée était long et très noir. On avançait très vite dedans. Au bout, il y avait de la lumière. Quand nous avons vu la lumière, j'ai été très contente. Pendant longtemps, j'ai voulu y retourner. Je veux toujours retourner à cette lumière quand je mourrai.

... La lumière était très brillante.

Un autre enfant qui a parlé de sa NDE avec nostalgie est un petit garçon, Jason. Il roulait à bicyclette quand il fut renversé par un camion. Il eut alors une NDE. Son récit expose une expérience intéressante et « complète », en ce sens qu'elle comporte de nombreux symptômes de l'expérience type. C'est également une expérience particulièrement intense.

Il avait quatorze ans quand je l'ai rencontré, trois ans après l'événement. Quoique son accident ait été très grave, les examens avaient montré qu'il n'y avait aucune lésion cérébrale. Et, comme le lecteur pourra s'en rendre compte, ses réponses sont claires et intelligentes.

Jason. — Cela m'est arrivé quand j'avais onze ans. J'avais reçu un nouveau vélo pour mon anniversaire. Le lendemain de mon anniversaire, je faisais du vélo ; je n'ai pas vu une voiture qui arrivait et elle m'a renversé.

Je ne me souviens pas du choc, mais je me suis retrouvé d'un seul coup en train de me regarder d'en haut. J'ai vu mon corps coincé sous ma bicyclette, avec ma jambe cassée qui saignait. Je me souviens d'avoir regardé mes yeux : j'ai vu qu'ils étaient fermés. J'étais au-dessus.

Je flottais environ deux mètres au-dessus de mon corps ; il y avait plein de monde tout autour. Un homme qui se trouvait là essaya de me secourir. Et puis une ambulance est arrivée. Je me demandais pourquoi les gens s'inquiétaient puisque j'allais bien. Je les ai regardés mettre mon corps dans l'ambulance ; j'essayais de leur dire que j'allais bien, mais personne ne m'entendait. Je me souviens de ce qu'ils disaient. Il y avait quelqu'un qui disait : « Il faut faire quelque chose. » Quelqu'un d'autre a dit : « Je pense qu'il est mort mais on va essayer. »

L'ambulance est repartie et j'ai essayé de la suivre. J'étais au-dessus d'elle et je la suivais. Je me suis dit que j'étais mort. J'ai regardé autour de moi et j'ai vu un tunnel avec une lumière très forte au bout. Le tunnel donnait l'impression de monter et de descendre. Je suis sorti à l'autre bout.

Il y avait plein de gens dans la lumière, mais je ne connaissais personne. Je leur ai dit que je venais d'avoir un accident et ils m'ont répondu que je devais repartir. Ils ont dit que ce n'était pas encore le moment de mourir et que je devais retourner avec mon père, ma mère et ma sœur.

Je suis resté dans la lumière pendant un bon moment. Je sentais que tous les gens qui étaient là m'aimaient. Tout le monde était heureux. Je me rends compte que la lumière était Dieu. Le tunnel tourbillonnait en montant vers la lumière comme un tourbillon. Je ne savais pas pourquoi j'étais dans ce tunnel ni où j'allais. Je voulais aller vers la lumière. Quand j'étais dans la lumière, je ne voulais plus repartir. J'avais presque oublié mon corps.

Quand j'étais dans le tunnel, il y avait deux personnes qui m'aidaient. Je les ai vues quand on a débouché dans la lumière. Elles étaient avec moi pendant tout le chemin.

Ensuite, elles m'ont dit que je devais repartir. J'ai repris le tunnel en sens inverse et je me suis retrouvé à l'hôpital; il y avait deux médecins qui essayaient de me réanimer. Ils disaient: « Jason, Jason. » J'ai vu mon corps sur la table: il était tout bleu. Je savais que j'allais revenir parce que les gens de la lumière me l'avaient dit.

Les médecins étaient préoccupés, mais j'essayais de leur dire que j'allais bien. L'un d'eux a mis des raquettes sur ma poitrine et mon corps a sursauté très fort.

Quand je me suis réveillé, j'ai dit au docteur que je l'avais vu quand il m'avait mis les raquettes sur la poitrine. J'ai essayé de le dire aussi à ma mère, mais personne ne voulait m'écouter. Alors un jour je l'ai dit à mon professeur et elle vous l'a dit.

Moody. — Jason, qu'est-ce que tu penses de tout cela ? Je veux dire, cela t'est arrivé il y a trois ans. Est-ce que cela t'a changé d'une façon ou d'une autre ? A ton avis, quel en est le sens ?

Jason. — J'y ai beaucoup pensé, bien sûr. Pour moi, je suis mort. J'ai vu l'endroit où on va quand on meurt. Je n'ai pas peur de mourir. Ce que j'ai appris là-bas, c'est que la chose la plus importante est d'aimer tant que vous êtes vivant.

L'année dernière, un garçon de ma classe est mort. Il avait une leucémie. Personne ne voulait en parler, mais j'ai dit: Don est très bien là où il est, la mort ce n'est pas si grave que ça. Je leur ai raconté ce qui s'est passé quand je suis mort et c'est pour cela que mon professeur vous en a parlé.

Moody. — Jason, as-tu remarqué quelque chose à propos des gens qui étaient avec toi dans le tunnel ?

Jason. — Les deux personnes qui étaient avec moi dans le tunnel m'ont aidé dès que j'y suis arrivé. Je ne savais pas exactement où j'étais, mais je voulais aller jusqu'à la lumière que je voyais au bout. Elles m'ont dit que tout irait très bien et qu'elles allaient m'emmener à la lumière. Je les sentais rayonner d'amour. Je n'ai pas vu leur visage, c'étaient juste des formes dans le tunnel. J'ai pu voir leur visage quand nous sommes sortis dans la lumière. C'est difficile à expliquer parce que c'est très différent de la vie sur terre. Je n'ai pas de mots pour en parler. C'est comme si elles avaient porté des robes très blanches. Tout était éclairé.

Moody. — Tu as dit qu'elles t'ont parlé. Que t'ont-elles dit ?

Jason. — Non. Je pouvais dire ce qu'elles pensaient et elles pouvaient dire ce que je pensais.

Moody. — A un moment, tu as dit que tu étais mort. Peux-tu m'en parler ?

Jason. — Vous voulez dire quand je flottais au-dessus de l'ambulance ? Je regardais en bas depuis le dessus de l'ambulance. Je savais que mon corps était dans l'ambulance, mais moi j'étais au-dessus. Un des hommes qui se trouvaient dans l'ambulance a dit que, à son avis, j'étais mort. Et quand je leur ai parlé, personne ne m'a entendu. Alors j'ai compris que j'étais mort. Dès que je l'ai compris, ce tunnel s'est ouvert vers le haut et j'ai vu la lumière tout au bout. Quand j'étais dedans, il y avait une espèce de sifflement. C'était très amusant d'être là-dedans.

Le fait que les enfants se souviennent de leur NDE avec un plaisir évident est un signe de bonne santé. Très souvent, ils éprouvent des sentiments d'affection pour les gens qu'ils ont rencontrés « de l'autre côté ». Quand ils reviennent, ils parlent de la belle dame qui s'est occupée d'eux quand ils sont morts.

Pour moi, cela représente un indice supplémentaire des effets positifs de la NDE, même sur un élément « sans conditionnement culturel » de notre société. Au lieu de s'effrayer de leur expérience ou de la vivre comme une maladie mentale, les enfants développent le plus souvent une forme d'attachement à leur NDE. Cette « nostalgie de la merveilleuse lumière », comme l'a appelée l'un de mes patients, d'une façon générale rend les enfants qui la connaissent meilleurs que la plupart, quand ils grandissent. Ici aussi, c'est le fait d'avoir eu accès à un savoir particulier qui les rend plus chaleureux et plus patients.

Un patient adulte, qui avait eu une NDE dans son enfance, m'a raconté :

> Je ne me suis jamais laissé entraîner dans les chamailleries familiales comme mes frères et sœurs. Ma mère disait que c'était parce que j'avais « la plus grande sagesse ». Je suppose que ce devait être vrai.
>
> Simplement, je savais que, dans toutes ces discussions, il n'y avait rien qui soit réellement important. Après ma rencontre avec l'Être de Lumière, j'ai su que toutes ces disputes n'avaient pas de sens. Alors, dès qu'il y avait quelque chose de ce genre dans ma famille, j'allais me mettre dans mon coin avec un livre et je laissais les autres régler leurs problèmes. Les miens avaient déjà été réglés. Aujourd'hui encore, je me conduis de la même façon... plus de trente ans après que cela m'est arrivé.

Les conclusions des autres chercheurs

Dans la recherche médicale courante, peu d'études concernent les enfants et la NDE. Le peu qui existe mérite pourtant d'être examiné de près car ces chercheurs ont fourni leurs propres conclusions sur la signification de la NDE chez les très jeunes enfants.

Parmi ces médecins figure le Dr David Herzog de l'hôpital général du Massachusetts à Boston. Dans un compte rendu de cas intitulé *La NDE chez les enfants en bas âge*[1], le Dr Herzog expose le cas d'une petite fille de six mois qui avait été admise en soins intensifs pour une maladie grave. On lui avait aussitôt appliqué la thérapie appropriée, y compris l'administration d'oxygène pour la stabiliser. Il lui fallut peu de temps pour guérir.

Pourtant, plusieurs mois plus tard, elle fut prise de panique quand ses frères et sœurs voulurent la faire ramper dans un tunnel, dans un grand magasin. Le Dr Herzog, qui appelle cette peur la « terreur du tunnel », dit que le problème s'est présenté par la suite à plusieurs reprises.

« D'après la mère, dit le rapport, au cours de ces incidents, la malade se mettait à parler très vite, manifestait une terreur injustifiée et insurmontable ; en même temps, elle donnait l'impression de parfaitement bien connaître ce tunnel. A trois ans et demi, alors que sa mère lui expliquait la mort imminente de sa grand-mère, l'enfant demanda : « Est-ce que mamie devra traverser le tunnel du magasin pour aller voir Dieu ? »

Herzog signale que l'imagerie du tunnel est la même que chez les adultes, mais il s'abstient d'interpréter l'épisode. Au lieu de cela, il insiste sur la nécessité pour les médecins et les parents d'un enfant à NDE de lui apporter une compréhension immédiate, de le consoler et de le rassurer.

« Aider l'enfant à exprimer ses émotions et comprendre ses réactions à des événements traumatiques passés lui permettra de résoudre plus rapidement les peurs et les traumatismes anciens. »

Une autre étude de cas vient du Dr Melvin Morse de l'Hôpital orthopédique pour enfants et centre médical de Seattle. Il s'agit d'un enfant de sept ans

1. Herzog, « Near-Death Experiences in the Very Young », *Critical Care Medicine*, vol.13, n°12, p.1074.

qui avait failli se noyer dans la piscine municipale.

Morse vit la petite fille pour la première fois au moment où on l'amenait en salle des urgences. Il lui donna les soins nécessaires et la mit sous ventilation pendant trois jours. Après une semaine d'hôpital, on la laissa rentrer chez elle.

Elle parla d'une NDE environ deux semaines plus tard, lors d'une visite de contrôle. Le médecin lui demanda quels souvenirs lui avait laissés son expérience : elle lui répondit qu'elle se souvenait seulement d'avoir « parlé au Père des cieux ». Puis elle se sentit trop gênée pour en dire plus.

Une semaine plus tard, Morse l'interrogea. Elle manifesta de la gêne la première fois qu'il mentionna sa NDE, puis elle décida d'en parler avec lui car « ça fait du bien d'en parler ». Elle ne l'autorisa pas à enregistrer l'entretien et n'accepta de parler de son expérience qu'après avoir fait des dessins de ce qui lui était arrivé. Voici le récit retranscrit par Morse :

> La patiente dit que la première chose dont elle se souvenait pour sa noyade était « d'être dans l'eau ». Elle affirma : « J'étais morte. Et puis j'étais dans le tunnel. C'était tout noir et j'avais peur. Je ne pouvais pas marcher. » Une femme nommée Elisabeth apparut et le tunnel s'éclaira fortement. La femme était grande, avec des cheveux blonds qui brillaient. Elles marchèrent ensemble jusqu'au ciel. Elle dit que « le ciel, c'était chouette. C'était plein de lumière et il y avait plein de fleurs. » Elle dit qu'il y avait une barrière autour du ciel et qu'elle ne pouvait pas voir au-delà. Elle dit qu'elle avait rencontré beaucoup de gens, y compris ses grands-parents décédés, sa tante maternelle décédée, ainsi que Heather et Melissa, deux adultes qui attendaient de renaître. Ensuite, elle rencontra « le Père céleste et Jésus », qui lui demanda si elle voulait retourner sur la terre. Elle répondit « non ». Ensuite Elisabeth lui demanda si elle voulait voir sa mère. Elle dit oui et se

réveilla à l'hôpital. Pour finir, elle se souvenait de m'avoir vu dans la salle des urgences mais ne put fournir aucun détail sur la période de trois jours pendant laquelle elle était restée dans le coma.[1]

Morse s'est renseigné sur l'éducation religieuse de sa patiente. Née dans une famille de mormons, elle avait appris que la terre n'est qu'une étape sur le chemin du ciel. On lui avait dit qu'elle pourrait retrouver ses parents morts, y compris sa tante qui était décédée deux ans avant sa noyade.

Sa mère lui avait présenté la mort comme le fait de « dire au revoir aux gens qui sont sur le bateau. On peut juste aller jusqu'au bord et leur faire au revoir avec la main ». On lui avait décrit l'âme comme une sorte de gant qui s'enlève de la main à la mort et qu'on retrouve quand on va au ciel.

Morse reconnaît que les éléments de cette NDE — la rencontre avec Jésus, avec des parents décédés — cadre tout à fait avec son éducation religieuse. Pourtant, fait-il remarquer, cette expérience est la même que celle des nombreuses personnes sans religion qui ont des NDE. Elle avait comme eux fait l'expérience du tunnel, de rencontrer des Êtres de Lumière, de parler avec une déité, et de voir le ciel.

Morse conclut, comme d'autres avant lui, que le contexte religieux intervient dans l'interprétation de l'expérience, mais n'en modifie pas la structure.

Les autres recherches du Dr Morse

Depuis l'étude de cas de 1983 rapportée ci-dessus, le Dr Morse a entrepris une étude systématique de la NDE chez les enfants.

1. Morse, « A Near-Death Experience in a Seven-Year-Old Child », *The American Journal of the Disabled Child*, vol. 137, p. 959-961.

En 1985, il a publié un travail intitulé *Near-Death Experience in a Pediatric Population* (la NDE en pédiatrie). Il y présente les cas de sept enfants qui se sont trouvés en « état critique », c'est-à-dire des enfants qui ont survécu à des situations à taux de mortalité très élevé. Dans la plupart des cas, il s'agissait d'arrêts cardiaques dus à des accidents ou à des noyades. Un groupe d'autres patients de la même tranche d'âge, qui étaient gravement malades sans que leur vie soit menacée, ont également été interrogés. Dans ce groupe, aucune NDE n'a été signalée.

Ces enfants ont été interrogés au moins deux mois après leur sortie d'hôpital. Ils étaient accompagnés de leurs parents, à qui l'on demanda comment ils comprenaient le passé médical de leurs enfants. On posa aux parents comme aux enfants une liste de questions ouvertes sur les souvenirs que les enfants avaient de leur hospitalisation. Il y avait des questions telles que : « Est-ce que vous faites des rêves ? », « Vous souvenez-vous du moment où vous étiez inconscient ou endormi ? » On encourageait aussi les enfants à faire des dessins de leur expérience.

Juste avant la fin de l'entretien, on posait aux enfants une série de questions du type oui/non sur les symptômes de leur NDE, comme : « Avez-vous vu un tunnel ? », « Avez-vous vu un Être de Lumière ? »

Quatre des sept enfants qui avaient failli mourir rapportèrent des NDE. Sur ces quatre-là, deux déclarèrent que leur NDE avait eu un effet apaisant ; deux avaient eu des expériences hors du corps ; un avait vu un tunnel brillant ; un autre un escalier sombre ; l'Etre de Lumière avait demandé à deux d'entre eux s'ils voulaient rester dans cet endroit céleste et ils avaient décidé de revenir.

Certains de ces entretiens sont tout à fait étonnants. Un des enfants qui était « mort » d'un arrêt cardiaque sur la table d'opération dit à ses parents : « J'ai un merveilleux secret à vous dire. Je suis presque allé au ciel. » Il dit : « J'étais dans un escalier noir et je montais. » A peu près à mi-chemin, il décida de redescendre parce qu'il avait un petit frère qui était mort : il pensait que ce n'était pas le moment de mourir car ses parents resteraient seuls.

Morse conclut de cette étude que les enfants ont des NDE très semblables à celles des adultes. Il exprime aussi l'espoir d'« alerter » par son travail d'autres médecins sur le fait qu'« un nombre important d'enfants en état critique connaît ce type d'expérience ». Une autre conséquence de son étude fut de le pousser à explorer d'autres questions intrigantes.

Dans son étude suivante, il s'est demandé si l'on peut avoir une NDE sans se trouver au seuil de la mort. Pour ce travail, les enquêteurs ont sélectionné dans un ensemble de deux cent deux dossiers médicaux ceux de onze patients qui avaient survécu à « une maladie critique » ; ils ont désigné par ce terme les cas où l'on enregistre un taux de mortalité supérieur à dix pour cent. L'étude fut également menée auprès de vingt-neuf patients de la même tranche d'âge qui avaient survécu à des « maladies graves », c'est-à-dire des maladies avec un taux de mortalité très faible.

Aucun des cas de « maladies graves » n'avait eu de NDE. Sept des onze cas de « maladies critiques » avaient des souvenirs qui comprenaient : la sortie du corps (six patients), l'entrée dans l'obscurité (cinq), des effets apaisants ou positifs (trois), la vue de gens ou d'êtres vêtus de blanc (trois), la vision de camarades de classe ou de professeurs (deux), la vision de parents morts (un), une frontière (un), le passage dans un tunnel (quatre) et la décision de rentrer dans leur corps (trois).

Les entretiens ont été menés suivant le même

protocole que pour l'étude précédente sur la NDE infantile, mais les résultats sont bien plus intéressants. Voici, par exemple, le cas d'un garçon de onze ans qui avait fait un arrêt cardiaque brutal dans le couloir de l'hôpital :

Il se rappelle avoir été dans le couloir de l'hôpital, puis avoir eu la sensation de sombrer « comme quand on passe sur une bosse en voiture et qu'on a l'estomac qui remonte ». Il entendit un drôle de sifflement dans ses oreilles et des gens qui parlaient. Ensuite, il flottait au plafond de la pièce et regardait son corps au-dessous de lui. La pièce était sombre et une lumière douce illuminait son corps. Il entendit une infirmière qui disait : « J'espère qu'il ne faudra pas le faire », et il observa toute la procédure de réanimation cardio-pulmonaire. Il vit une infirmière « mettre une sorte de graisse sur mon corps », puis « tendre des raquettes au docteur ». Les raquettes furent placées sur son corps et « quand le docteur a appuyé sur le bouton, je me suis retrouvé d'un seul coup dans mon corps ; je voyais le docteur au-dessus de moi ».

Il ressentit une douleur très nette quand le choc se répercuta dans tout son corps. Il signala d'ailleurs qu'il continuait à faire des cauchemars sur cette technique douloureuse, connue sous le nom de cardioversion.

Les infirmières présentes lors de l'incident ont témoigné qu'en ouvrant les yeux après la cardioversion, il avait dit : « C'était vraiment bizarre. Je flottais au-dessus de mon corps et puis j'ai été aspiré dans mon corps. » Il ne se souvenait absolument pas de l'avoir dit.

Un autre des sujets interrogés se souvenait d'un être d'environ 2,40 mètres de haut qui l'avait emmené dans un tunnel. « Ce n'était pas le Christ, dit-il à Morse, mais c'était peut-être un ange qui m'emmenait voir le Christ. »

Morse conclut que la NDE type ne se trouve que chez les gens qui ont failli mourir, qu'il s'agisse d'une maladie ou d'un accident.

Je me suis vu en adulte

Ces dernières années, j'ai commencé à demander aux enfants quel âge ils avaient *pendant leur NDE*. En d'autres termes, leur corps-esprit est-il celui d'un enfant ou d'un adulte ? Ils m'ont répondu, dans une proportion impressionnante, qu'ils étaient adultes pendant la NDE. Ils ne peuvent pourtant pas dire comment ils le savent.

Si l'on pense que, pendant la NDE, l'esprit quitte le corps, cela pourrait signifier que l'esprit lui-même est une entité sans âge qui habite un corps toujours en changement. Quand il a fini d'user le corps, il part dans un autre monde.

Une autre explication pourrait être que ces enfants sont tellement mis à l'aise par les Êtres de Lumière qu'ils ont l'impression d'être avec des pairs. Cela pourrait les amener à croire qu'ils ont le même âge que ces gens.

Une femme m'a parlé d'une NDE de ce type qu'elle avait eue dans son enfance.

> C'était un jour, vers midi, quand j'avait sept ans. Je revenais de l'école pour déjeuner à la maison. Il y avait une plaque de glace au milieu de la route et j'ai couru pour glisser comme font les gosses. Quand je suis arrivée dessus, j'ai si bien glissé que je suis tombée et que je me suis cogné la tête. Je me suis relevée et je suis rentrée à la maison, pas très loin de là, mais je ne me sentais vraiment pas dans mon assiette.
>
> Ma mère m'a demandé ce qui n'allait pas et je lui ai raconté que j'avais glissé et que j'étais tombée en me cognant la tête. Elle m'a donné une aspirine, mais quand j'ai voulu l'avaler, je n'arrivais pas à trouver ma bouche.
>
> En voyant cela, elle m'a aussitôt fait allonger et elle a appelé le docteur. C'est à ce moment que je suis « passée ». Je suis restée dans le bleu pendant douze heures et, pendant tout ce temps, ils ne savaient pas si j'allais vivre ou mourir.

Bien sûr, je ne me souviens de rien de tout ça. Ce dont je me souviens, c'est que je marchais dans un jardin plein de grandes fleurs. Si je devais les décrire, je dirais qu'elles ressemblaient à des dahlias avec de très grandes fleurs et de très hautes tiges. Il faisait chaud dans ce jardin et il y avait beaucoup de lumière ; c'était très beau.

J'ai regardé dans tout le jardin et j'ai vu cet Etre. Le jardin était extraordinairement beau, mais tout devenait terne en sa présence. Je me sentais complètement aimée et complètement nourrie par sa présence. C'était le sentiment le plus merveilleux que j'aie jamais connu. D'ailleurs, cela s'est produit il y a plusieurs années, mais je ressens toujours cette impression.

L'Etre m'a dit, sans mots : « Allons, tu dois repartir. » Et je lui ai répondu de la même façon : « Oui. » Il m'a demandé pourquoi je voulais rentrer dans mon corps et je lui ai dit : « Parce que ma mère a besoin de moi. »

À ce moment-là, je me souviens de m'être retrouvée en train de descendre dans le tunnel et la lumière devenait de plus en plus petite. Et quand elle a complètement disparu, je me suis réveillée.

Je me suis levée, j'ai regardé autour de moi et j'ai dit : « Bonjour, maman. »

Quand je repense à cette expérience, je me rends compte que j'étais complètement adulte quand j'étais en sa présence. Comme je vous l'ai dit, je n'avais que sept ans, mais je sais que j'étais adulte.

Au fur et à mesure de l'avance des recherches sur la NDE, nous découvrirons vraisemblablement que tout cela est bien plus courant qu'on ne l'imagine.

Conclusion

Pour beaucoup de gens, les cas de NDE chez les enfants apportent une meilleure preuve de la vie après la vie que les NDE des adultes. La raison de cette affirmation est facile à comprendre. Les gens plus âgés ont eu plus de temps pour être influencés et modelés par les événements de la vie et par une foule de croyances religieuses.

Les enfants, eux, abordent cette expérience avec une certaine fraîcheur. Ils ne sont pas encore profondément marqués par l'environnement culturel dans lequel ils vont rapidement être immergés.

Sur le plan de la clinique, l'aspect le plus important de la NDE infantile est l'aperçu de la « vie future » qu'ils ont ainsi, et la façon dont cela influe sur le reste de leur vie. Ils sont plus heureux et plus optimistes que leur entourage. Ils fournissent une preuve encore plus forte des transformations positives que détermine la NDE dans la vie des gens.

4

Pourquoi la NDE nous intrigue-t-elle ?

Jusqu'ici, nous nous sommes préoccupés des conséquences de la NDE sur la vie des gens à qui cela arrive. Il faut également se poser la question des conséquences sur la vie de leur entourage. De même, il faut se demander pourquoi le public s'y intéresse tellement.

Sincèrement, quand j'ai écrit *La Vie après la vie*, il y a plus de dix ans, je n'aurais jamais imaginé que l'intérêt du public puisse se maintenir aussi longtemps et aussi fortement. Je pensais que ce serait un de ces sujets d'étude qui disparaissent dans les laboratoires de recherche et les salles de cours de facultés de médecine, et qui n'en émergerait que si un patient vivait une NDE et avait besoin d'explications ou de conseils.

En fait, même si l'on n'a toujours pas trouvé d'explication bien nette, l'intérêt du public ne s'est pas démenti un seul instant. Dans les conférences et les réunions publiques où je me rends, les gens continuent à poser les mêmes questions fondamentales sur la NDE :

— Les gens qui ont une NDE sont-ils vraiment morts ?

— Y a-t-il des témoignages sur la NDE dans la littérature ?
— Comment considèrent-ils leur corps ?
— La NDE fonctionne-t-elle comme une confirmation de croyances religieuses ?
— Comment peut-on expliquer les « NDE de guerre » ?
— La NDE peut-elle apporter une consolation aux affligés ?
— Comment agit-elle sur les gens suicidaires ?
— La science serait-elle modifiée si l'on prouvait la réalité de la NDE ?
— La NDE n'intrigue-t-elle pas seulement parce que c'est nouveau et « branché » ?

Dans ce chapitre, je vais essayer de répondre de mon mieux à ces questions. D'abord, je veux montrer pourquoi le fait de frôler la mort peut être plus dérangeant pour les vivants que la mort elle-même.

Il y a plusieurs années, un psychiatre m'a raconté un incident qui s'est produit dans l'avion qui le ramenait aux États-Unis après un voyage en Inde. Alors que l'on servait le dîner, un passager se sentit très mal. Il y avait plusieurs médecins à bord et ils tentèrent tout ce qu'ils pouvaient. En dépit de tous leurs efforts pour ranimer le passager malade, celui-ci mourut.

On laissa son corps dans l'allée centrale et on le recouvrit de couvertures. La curiosité des autres passagers retomba bientôt et, aussi incroyable que cela puisse paraître, ils se remirent à dîner.

Quelques minutes plus tard, des passagers assis près du cadavre s'aperçurent que les couvertures étaient agitées de sursauts et de tremblements. Ils appelèrent de nouveau les médecins qui se précipitèrent : cette fois, ils purent réanimer le « mort » qui survécut ainsi à son malaise.

Ce qui a frappé ce psychiatre, c'est que plus personne n'a pu continuer à manger après la « résurrection ». Quand il a demandé à ses voisins ce qui les empêchait de terminer leur repas, il s'est aperçu que les passagers étaient plus perturbés par le fait de revenir d'entre les morts que par la mort elle-même, apparemment mieux acceptée.

Le message est clair : l'être humain passe sa vie à poser des limites. Nous sommes bien mieux préparés à affronter la mort qu'un retour apparent du royaume des ombres. Nous classons les différents phénomènes de l'existence d'un côté ou de l'autre de ces limites mentales. Par exemple, dans l'enfance, nous apprenons les différences entre garçons et filles. Parvenus à l'âge adulte, le fait que des gens traversent cette ligne de démarcation entre les sexes nous plonge dans la confusion, qu'il s'agisse de transsexuels ou de travestis.

Nous croyons qu'il existe une loi naturelle selon laquelle il y aurait « un corps, une personnalité ». Quand nous découvrons qu'il peut y avoir plusieurs personnalités comme les célèbres « Ève » et « Sybil », nos limites mentales éclatent à l'idée qu'un corps puisse abriter plus d'une personnalité.

Nous apprenons qu'un être humain et un animal ne sont pas la même chose. Quand on découvre des enfants élevés par des loups ou des singes, nos frontières mentales sont de la même façon bouleversées. Dans ce « dérangement » des habitudes mentales, on voit aussi la source de la fascination exercée par des phénomènes comme les jumeaux siamois ou l'Homme Éléphant. Ils défient nos classifications et nous obligent à remettre en question des valeurs que nous avions toujours acceptées sans discussion.

Par ces quelques remarques, j'espère avoir montré pourquoi la NDE intrigue tellement.

La ligne de séparation de la vie et de la mort est la plus embarrassante à établir. Nous apprenons dans l'enfance qu'il faut préserver sa vie, éviter de mourir avant l'heure. Nous essayons de bannir de notre conscience les idées de mort et, en général, nous n'apprenons que peu à peu la signification de la mort.

Ce que dérange la NDE, c'est cette ligne de démarcation entre la vie et la mort. Au cours des vingt dernières années, lors de mes conférences, j'ai pu à maintes reprises observer la fascination exercée sur les gens par quelqu'un qui racontait sa NDE. Il semble que beaucoup de gens ne puissent s'habituer à l'idée que la personne en train de leur parler soit non seulement « revenue d'entre les morts », mais encore ait été le témoin d'un événement spirituel que beaucoup de gens considèrent comme l'après-vie.

Les gens qui ont une NDE sont-ils réellement morts ?

Un jour, après l'une de mes conférences, une femme âgée vint me voir. Elle avait perdu son mari un an plus tôt, me dit-elle. Il était mort d'une crise cardiaque, malgré les efforts des médecins pour le réanimer. Après avoir entendu parler des gens qui avaient eu une NDE lors d'une crise cardiaque et avaient été réanimés, elle ne pouvait plus penser qu'à deux choses : les médecins n'avaient-ils pas renoncé trop vite à réanimer son mari ? Dans quelle mesure les gens qui ont une NDE approchent-ils de la mort ?

J'abordai la première question avec précaution. Puisque je n'étais pas là, lui dis-je, je ne pouvais pas dire si l'on avait fait, ou non, tout ce qui pouvait être fait.

Quant à la seconde question, il est très difficile d'y répondre. Très souvent, on arrête les tentatives de réanimation parce que les médecins n'enregistrent aucun signe de vie. Dans certains cas, l'électro-encéphalogramme est plat, ce qui signifie qu'il n'y a aucun signe enregistrable d'activité cérébrale. Pourtant, parfois, les gens parvenus à ce point se réveillent. Et aucun médecin n'a jamais pu dire pourquoi.

Classiquement, on définit la mort comme un état dont on ne revient pas, un état irréversible. Donc, puisque les gens qui ont une NDE reviennent à la vie, ils ne sont pas morts au sens strict du terme. Simplement, les différents critères de la mort étaient remplis. Par exemple, leur cœur s'est arrêté de battre pendant un certain temps, la respiration s'est éteinte, etc. On connaît même des cas où l'activité cérébrale avait disparu puis a repris spontanément. Dans les cas d'hypothermie (abaissement spectaculaire de la température), par exemple, il arrive que l'on n'ait plus aucune trace d'onde cérébrale jusqu'à ce que le corps commence à se réchauffer.

Tous ces gens se trouvent très près de la mort mais, par définition, ils ne sont pas encore morts. Ces situations remettent en question la règle des cinq minutes d'après laquelle, en cas d'arrêt cardiaque supérieur à cinq minutes, il n'y a aucune raison de continuer les manœuvres de réanimation car le cerveau serait sérieusement endommagé par le manque d'oxygène. Les techniques modernes de réanimation devraient amener les médecins à revoir cette règle.

Un homme que je connais avait été gravement blessé dans un accident de voiture. On l'avait amené au service des urgences d'un hôpital et, dès l'arrivée, on l'avait déclaré mort.

On avait mis le corps sur une civière qu'on avait poussée derrière des rideaux de la salle d'urgences. Il y était resté pendant que les médecins s'occupaient des autres blessés. Quelques heures plus tard, on vint chercher le corps pour l'emporter dans une autre partie de l'hôpital. Alors que la civière commençait à rouler, le corps sursauta !

Malgré l'absence de tout signe vital tel que battements de cœur ou réflexe pupillaire, cet homme était vivant... et il l'est encore à ce jour.

Je connais un autre homme qui montre sa propre notice nécrologique. Il a été amené à l'hôpital, déclaré mort et transporté à la morgue recouvert d'un drap. Il a repris connaissance quelques heures plus tard.

S'il y a une leçon à tirer de tout cela, c'est que nous ne connaissons pas grand-chose de la physiologie de la mort. Tout ce que l'on peut dire des gens qui ont une NDE, c'est qu'ils ne sont pas morts, mais qu'ils se sont trouvés plus près de la mort que la plupart d'entre nous.

Comment considère-t-on son corps après une NDE ?

Après une NDE, les gens voient souvent leur corps d'une autre façon. La plupart de ceux auxquels j'ai parlé pensent à leur corps comme au réceptacle de leur esprit. Cette conception a pour résultat qu'ils craignent moins le monde extérieur et l'opinion des autres sur leur apparence.

Une femme qui est devenue l'une de mes meilleures amies a mené une vie tout à fait normale jusqu'au jour où elle « mourut » d'un arrêt cardiaque au cours d'une opération de la vésicule biliaire. Son chirurgien avait tout tenté pendant vingt minutes pour faire repartir le cœur. Puis il avait abandonné. Il avait déjà dit à ses assistants de remplir le certificat de décès quand une étincelle de vie l'avait poussé à reprendre la réanimation. Le cœur de la patiente avait fini par repartir.

Au cours de cet épisode, mon amie s'est sentie se séparer de son corps ; elle a aussi observé le médecin et les infirmières qui essayaient de la sauver. Elle s'éleva dans un tunnel avant d'arriver dans un lieu magnifique, plein de lumière et d'amour, où elle revit tous les événements de sa vie dans le moindre détail. Elle vit des parents et des amis morts depuis plusieurs années ; on lui donna même le choix de repartir ou de rester. Aussi difficile qu'ait été la décision, elle préféra revenir à sa vie sur terre à cause de sa fille et de son mari.

Depuis cette expérience, qui date de dix ans, sa santé n'a cessé de décliner. Elle est diabétique et souffre de troubles chroniques de la colonne vertébrale. On l'a déjà opérée plusieurs fois.

Pourtant, je ne l'ai jamais entendue se plaindre d'avoir mal. Sa vie doit parfois être très inconfortable, et même douloureuse, mais elle ne se départit jamais de son attitude de sérénité rayonnante. J'ai appris récemment qu'elle a refusé les limites posées par la faiblesse de son corps en se rendant dans un parc d'amusement où elle a essayé toutes les attractions, y compris le grand huit. Pour moi, c'est le symbole même de sa croyance en une vie après la mort.

Beaucoup de gens qui font une expérience hors du corps pendant leur NDE ne reconnaissent même pas que le corps qu'ils viennent de quitter est le leur. J'ai rencontré nombre de gens qui m'ont dit que, avant leur NDE, ils s'étaient habitués à leur image en se voyant dans les miroirs ou sur des photographies. La NDE les a amenés à voir leur corps d'une autre façon.

Un des exemples les plus frappants de ce phénomène a été fourni par un psychiatre qui a eu une NDE. Il dit : « Dans la vie, vous pensez savoir à quoi vous ressemblez. Mais quand vous sortez de votre corps physique et que vous voyez ce corps, il est très difficile de voir lequel de tous ces corps qui existent dans le monde est le vôtre. »

Ce médecin, pendant sa sortie du corps, avait fait le tour de l'hôpital militaire où il se trouvait, examinant tous les corps allongés sur les lits, sans pouvoir dire lequel était le sien. Quand il était sorti de son corps, il avait quitté l'hôpital pour essayer de rentrer chez lui. Il avait tenté à plusieurs reprises d'entrer en contact avec des gens, mais s'était rendu compte que personne ne pouvait le voir ou l'entendre ; il était alors revenu à l'hôpital pour se retrouver.

Cela lui avait posé de gros problèmes, jusqu'à ce qu'il remarque un corps qui portait une bague de la Fraternité Phi, Gamma, Delta, ce qui lui permit de reconnaître que ce devait être son propre corps.

Un autre homme de mes connaissances tomba d'un panneau d'affichage sur une ligne à haute tension. Il perdit les jambes et un bras à la suite de ses brûlures. Alors qu'on l'opérait, il eut une expérience hors du corps. Pendant qu'il regardait son corps au-dessous de lui, la première pensée qui lui vint à l'esprit fut : « Regarde ce pauvre homme ! » Il ne reconnut même pas que le corps allongé sur la table d'opération était le sien. Quand il finit par se rendre compte que ce corps si abîmé lui appartenait, il remarqua un autre détail curieux : son corps spirituel n'était absolument pas abîmé.

Les personnes handicapées qui font une NDE découvrent très souvent que, dans cet état, leur handicap disparaît. Dans la dimension spirituelle, ils sont intacts et extrêmement mobiles. Mon expérience professionnelle m'a appris que la NDE permet aux handicapés de mieux accepter leur problème.

Quand je dis que la NDE amène souvent les gens à vivre leur corps comme l'habitacle de leur esprit, cela n'implique pas qu'ils deviennent des casse-cou.

Je n'ai absolument pas constaté chez eux le développement d'une attitude du type « le diable y pourvoira » comme on en voit souvent chez les adeptes du saut en chute libre ou de l'escalade. Au contraire, si la NDE a un effet sur ce plan, c'est de rendre les gens plus attentifs à leur corps.

La NDE en tant que preuve religieuse

Certains chercheurs ont avancé la théorie d'après laquelle une foi profonde en Dieu et en l'au-delà déclenche la NDE. Or, les faits montrent qu'elle se produit avec la même fréquence chez les croyants et chez les non-croyants.

Au cours de toutes ces années que j'ai passées à parler avec les gens, j'ai découvert des cas de NDE dans tous les contextes religieux. Des gens m'ont dit qu'ils ne croyaient pas en Dieu avant leur NDE, d'autres qu'ils étaient très croyants.

Ce qui est intéressant, c'est que l'effet de la NDE semble être le même dans les deux cas : les non-croyants comme les croyants disent qu'après leur expérience ils croient vraiment en Dieu et recherchent la vérité spirituelle ultime.

Dans les deux cas, les gens tirent de leur NDE une conception de la religion différente de la définition étroite qu'en donnent la plupart des Églises constituées. Leur expérience les amène à comprendre que la religion ne peut être une histoire d'un groupe de « bons » contre plusieurs groupes de « mauvais ». Ils disent que la religion se rapporte à la faculté d'aimer — non à des doctrines et des dénominations. En bref, ils pensent que Dieu est infiniment plus généreux qu'ils ne le croyaient auparavant, et que les dénominations n'ont aucune importance.

Un bon exemple de cet état d'esprit se trouve dans le récit qu'a fait une vieille dame du New Hampshire qui a eu une NDE après un arrêt cardiaque. Depuis son enfance, elle avait pratiqué selon le rite luthérien, avec beaucoup de piété et de rigueur. Après sa NDE, elle devint moins doctrinaire et plus gaie. Quand des membres de sa famille lui demandèrent la raison de son nouveau comportement, elle répondit simplement que, depuis sa NDE, elle comprenait Dieu et le fait qu'il ne se souciait absolument pas de doctrine.

Il y a, de par le monde, beaucoup de religions qui considèrent la NDE comme la porte du monde de l'esprit. L'Église la plus importante du monde occidental à avoir accepté cette attitude est l'« Église de Jésus-Christ des saints du dernier jour », dont on connaît plus couramment les adeptes sous le nom de mormons.

La doctrine mormone présente la NDE comme une occasion d'entrevoir le monde de l'esprit. Ils croient que ce monde est une dimension que les vivants ne peuvent percevoir, mais qui est habitée par ceux qui ont déjà quitté leur corps physique.

Le *Journal of Discourses*, un commentaire des croyances des mormons écrit par les anciens de l'Église, dit que le corps de l'esprit conserve les cinq sens du corps physique (la vue, l'ouïe, l'odorat, le goût et le toucher), mais avec « des capacités bien plus importantes » ; en outre, il a la faculté d'envisager de nombreuses idées différentes en même temps. Il peut aussi se déplacer à la vitesse de l'éclair, voir dans plusieurs directions à la fois et communiquer de bien d'autres façons qu'avec les seuls mots. Enfin, il ne connaît ni la maladie ni l'incapacité.

La doctrine mormone dit que l'esprit entre dans le corps à la naissance et le quitte à la mort. Elle définit la mort comme « un simple changement de statut ou de sphère d'existence ».

> Nous nous retournerons et nous la regarderons (la vallée de la mort), et nous penserons que nous l'avons traversée, et c'est cela qui est le plus grand privilège de toute mon existence, car je suis passé d'un état de chagrin, de tristesse, de lamentations, de misère, de souffrance, d'angoisse et de déception, à un état d'existence où je peux jouir de la vie au maximum, autant que cela peut être fait sans corps.

Les chefs mormons décrivent plusieurs des éléments de la NDE. L'un d'eux dit : « la luminosité et la gloire de l'appartement suivant est inexprimable », ce qui revient fondamentalement au même que d'être absorbé par la lumière apaisante. Un autre dit que « là comme ici, toutes les choses sont naturelles, et vous les comprendrez comme vous comprenez maintenant les choses naturelles ». C'est très proche du sentiment de compréhension universelle dont témoignent de nombreux sujets après leur NDE.

Le *Journal of Discourses* rapporte pareillement la rencontre après leur mort de parents ou d'amis décédés.

> Nous avons plus d'amis de l'autre côté du voile que de ce côté-ci, et ils nous accueilleront plus joyeusement que vous n'avez jamais été accueillis par vos parents et vos amis en ce monde, et vous vous réjouirez plus de les rencontrer que vous ne vous êtes jamais réjoui de voir un ami dans cette vie.

Certains chefs mormons disent que « quelques esprits qui sont déjà passés par la mort sont rappelés pour revenir habiter leurs corps physiques. Ces personnes passent deux fois par la mort naturelle ou temporelle. »

Une de ces NDE mormones les plus fameuses est sans doute celle que connut Jedediah Grant. Le chef mormon Heber Kimball l'a relatée dans le *Journal of Discourses* :

Il me dit, frère Heber, j'ai été dans le monde des esprits deux nuits de suite, et de toutes les épouvantes qui m'ont jamais traversé, la pire fut de devoir retourner dans mon corps ; et, pourtant, j'ai dû le faire.

L'épouvante de Grant fut le résultat d'une rencontre avec sa femme et sa fille décédées, ainsi que de nombreux amis, pendant qu'il était dans le monde des esprits.

Il vit sa femme ; c'est la première personne qui vint vers lui. Il vit beaucoup de gens qu'il connaissait, mais il n'eut de conversation qu'avec sa femme Caroline. Elle vint vers lui, et il dit qu'elle était très belle et qu'elle tenait dans les bras leur petite fille, qui était morte dans la région des plaines, et elle dit : « Monsieur Grant, voici la petite Margaret ; vous savez que les loups l'ont dévorée ; mais cela ne lui a pas fait mal, ici elle va très bien. »

On trouve également mention de la vie après la mort dans la Bible où Paul décrit le corps que nous aurons dans l'autre monde.

1re Épître aux Corinthiens, XV, 35-52 :
Mais, dira-t-on, comment les morts sont-ils relevés ? Avec quel corps viennent-ils ? Sot... quant tu sèmes, tu ne sèmes pas le corps à venir, mais une simple graine... Or Dieu donne... à chaque semence son propre corps... Il y a des corps célestes et des corps terrestres, mais autre est la gloire des célestes et autre celle des terrestres... Ainsi en est-il de la résurrection des morts : semé destructible, on se relève indestructible, semé méprisable, on se relève glorieux, semé faible, on se relève puissant, semé corps animal on se relève corps spirituel. S'il y a un corps animal, il y a aussi un corps spirituel... Je vais vous dire un mystère : nous ne nous endormirons pas tous, mais tous nous serons changés en un instant, en un clin d'œil, à la dernière trompette, car elle trompettera et les morts seront relevés indestructibles[1].

1. Traduction, éditions Gallimard, « La Pléiade ».

La NDE dans la littérature

Il faut signaler qu'il existe toute une littérature et un cinéma qui traitent du retour des morts. Malheureusement, ces œuvres s'inscrivent le plus souvent dans la catégorie « épouvante », où les morts ne reviennent parmi les vivants qu'avec les pires intentions.

Bien que la NDE implique en général une forme de retour du pays des morts, les résultats en sont bien différents de ceux d'une histoire de vampire ou de Frankenstein. Les NDE ne sont pas des événements perturbants mais, au contraire, bienfaisants, du moins dans la majorité des cas. Elles apportent l'espoir et la paix, non la terreur et l'agitation.

On trouve plusieurs exemples de NDE dans les grandes œuvres littéraires. Dans *Un Chant de Noël* de Charles Dickens, par exemple, Ebenezer Scrooge, un veuf cynique et avare, est transformé par une sorte de NDE en « un aussi bon ami, un aussi bon maître et un aussi bon homme que la bonne vieille cité pouvait en connaître ».

Dans cette célèbre histoire, Scrooge rencontre trois fantômes, Noël Passé, Présent et Futur ; ces fantômes lui font revoir toute sa vie, et la vision se termine devant sa propre tombe.

Cette vision, où l'accompagnent les trois êtres lumineux, transforme Scrooge. Il regrette vivement de ne pas avoir eu plus d'amour pour ses semblables. A la fin de l'épisode, c'est un homme transformé, prêt à témoigner aux autres toute la compassion possible pour rattraper le temps perdu.

Il existe également des références à la NDE dans *Les Misérables*, ce remarquable roman de Victor Hugo. Jean Valjean est poursuivi toute sa vie par un policier : en effet, il s'est échappé du bagne où on l'avait envoyé pour avoir volé une miche de pain destinée à nourrir l'enfant affamé de sa sœur.

Tout au long du livre, il accomplit des actes de la plus grande bonté. En particulier, il s'occupe d'une femme enceinte horriblement pauvre et affamée, Fantine, qui finit par mourir. Hugo écrit :

> Jean Valjean prit dans ses deux mains la tête de Fantine et l'arrangea sur l'oreiller, comme une mère eût fait pour son enfant... Cela fait, il lui ferma les yeux.
> La face de Fantine en cet instant semblait étrangement éclairée.
> La mort, c'est l'entrée dans la grande lueur.

Quand c'est au tour de Jean Valjean de mourir, on lit :

> D'instant en instant, Jean Valjean déclinait... La lumière du monde inconnu était déjà visible dans sa prunelle.

Et ses derniers mots :

> Aimez-vous bien toujours. Il n'y a guère autre chose que cela dans le monde : s'aimer... je vois de la lumière... Je meurs heureux.

A partir d'une grippe qui faillit lui être fatale, Katherine Ann Porter écrivit *Pale Horse, Pale Rider*, une histoire désespérée qui se passe à la fin de la Première Guerre mondiale.

Dans le chapitre 1er, j'ai cité des extraits d'une interview qu'elle a donnée sur sa rencontre avec l'au-delà.

Voici un passage de *Pale Horse, Pale Rider*, où Miranda, un de ses personnages, voit des parents morts depuis longtemps :

> Tout un groupe de personnes venait vers elle paresseusement, comme des nuages, dans l'air brillant, et Miranda vit avec une joie émerveillée que c'étaient tous les gens qu'elle avait connus vivants. Leurs visages

étaient transfigurés, chacun avec sa beauté propre, au-delà de tous ses souvenirs, leurs yeux étaient clairs et paisibles comme une journée de beau temps, et ils ne projetaient pas d'ombres. C'étaient de pures entités, et elle les connaissait sans devoir dire leur nom ni chercher dans sa mémoire ce qui les reliait à elle. Ils l'entourèrent tranquillement, sans faire de bruit, puis se tournèrent de nouveau vers la mer et elle bougeait parmi eux aussi aisément qu'une vague parmi les vagues.

Il y a beaucoup d'autres exemples de NDE dans la littérature, depuis les lettres d'Ernest Hemingway jusqu'aux histoires de Thornton Wilder. Ce que j'ai voulu souligner, c'est que la NDE elle-même a sa place dans la littérature et ne devrait pas être amalgamée à cette catégorie, excitante certes, mais inappropriée, des romans d'épouvante.

Les NDE de guerre

Il arrive parfois que des gens connaissent des états de conscience élevés sans avoir subi la moindre atteinte physique. En revanche, ils se trouvent à ce moment dans une situation extrêmement dangereuse — la guerre en étant le meilleur exemple — et s'aperçoivent brusquement que leurs perceptions sont totalement modifiées.

Certaines personnes ont confondu cette expérience avec la NDE et elles posent donc une question logique : comment une NDE peut-elle survenir chez quelqu'un qui n'est ni malade ni accidenté ?

A cela je réponds que, en réalité, le sujet *n'a pas eu* une NDE. D'ailleurs, ces expériences, aussi intenses soient-elles, ne présentent pas les caractéristiques de la NDE. Les récits des prétendues « NDE de guerre » ne mentionnent ni tunnel ni arrivée dans un magnifique royaume de lumière. Dans la plupart des cas, on relève une brève vision des événements vécus par le sujet au cours de sa vie, de même qu'une impression de voir soudain tout se dérouler très lentement. Certaines de ces expériences, comme on va le voir avec l'exemple suivant, impliquent le fait « d'aller ailleurs », peut-être pour échapper à la situation pénible du moment présent. On n'y retrouve pas l'état extatique que les gens rencontrent dans la NDE ; néanmoins, les NDE de guerre sont certainement dans la continuité des NDE à proprement parler.

Voici une NDE de guerre, telle que me l'a racontée un ancien combattant de la Seconde Guerre mondiale :

> Cela m'est arrivé en Sicile, au cours de l'invasion de l'Italie. Ma section traversait un champ quand nous avons été cloués au sol par un nid de mitrailleuses allemandes, installé juste en face de nous. Comme j'étais le sergent de la section, j'ai estimé que c'était mon boulot de nettoyer le nid pour que nous puissions continuer à avancer.
>
> J'ai donc fait un large mouvement tournant, en me servant des arbres d'un verger pour me cacher. Environ trente minutes plus tard, j'avais fait le tour du champ et je l'avais dépassé, si bien que je me trouvais derrière les Allemands. J'étais aux anges. Ils étaient trois dans ce trou, creusé juste de l'autre côté d'un pont. Ils étaient tellement occupés à empêcher la section de se relever que pas un seul ne pensait à surveiller ses arrières.
>
> J'aurais sans doute pu m'approcher à moins de deux mètres sans être vu. J'y ai bien pensé mais, au lieu de cela, j'ai lancé une grenade à main quand je suis arrivé en haut du pont.
>
> Je me souviens d'avoir dégoupillé ma grenade et de m'être préparé à la lancer à une vingtaine de mètres. J'ai levé le bras et juste avant de la lancer droit dans leur trou, j'ai crié : « Bien le bonjour là-haut ! » Puis je me suis jeté par terre et j'ai attendu...

... J'ai attendu, encore et encore. La grenade n'a pas sauté. Elle était mauvaise, aussi utile qu'un caillou !

Avant que je puisse rien faire, les Allemands ont tourné la mitrailleuse de mon côté et commencé à tirer. Je me suis mis en boule et j'ai attendu d'être touché, mais rien de tel ne s'est produit. Peut-être est-ce la courbure du pont qui m'a protégé, peut-être ma bonne étoile, mais aucun des projectiles ne m'a atteint.

Pourtant, il m'est arrivé un drôle de truc à ce moment-là. J'étais collé au sol et, d'un seul coup, j'ai quitté mon corps, et la Sicile par la même occasion. J'ai « voyagé » jusqu'à une usine de munitions dans le New Jersey, et j'ai plané au-dessus d'une chaîne de montage où des femmes assemblaient des grenades à main. J'ai essayé de leur parler et de leur dire de faire attention à leur travail, mais elles ne m'entendaient pas. Au lieu de cela, elles ont continué à bavarder tout en travaillant.

J'ai l'impression que j'ai dû y rester pendant quinze ou vingt minutes. Ensuite, je me suis retrouvé d'un seul coup en Italie, par terre au sommet de ce pont, toujours vivant. Les Allemands pensaient que j'étais mort et avaient retourné leur mitrailleuse vers ma section. Je me suis relevé, j'ai dégoupillé une autre grenade et je l'ai jetée dans le trou des Allemands. Cette fois, elle a explosé.

Les hommes de la section avaient tout vu et ils pensaient que j'étais mort. Ils ont donc été très surpris de me voir les rejoindre. Je me sentais très calme devant tout ce qui s'était passé, si calme que le commandant de la compagnie m'a envoyé voir un psychiatre. Je lui ai raconté ce qui m'était arrivé ; il m'a trouvé en pleine forme et il m'a renvoyé au combat.

Il m'a dit qu'il avait déjà entendu parler plusieurs fois de ce type d'expérience par d'autres hommes, et qu'il valait mieux que je garde ça pour moi, pour éviter qu'on ne me renvoie chez lui ! J'ai exactement suivi son conseil.

Comme on le voit bien à travers ce récit, cette expérience diffère nettement de la NDE ; il ne faut donc pas les confondre. Cependant, il faudrait les étudier de plus près car ce genre d'expérience arrive souvent aux soldats sur le champ de bataille et à d'autres gens dans des situations très stressantes.

Un espoir pour les affligés

Le plus grand chagrin que l'on puisse éprouver est la mort d'un être cher. Beaucoup de gens trouvent un soulagement à leur peine dans les récits de NDE.

Très peu de temps après la publication de *La Vie après la vie*, j'ai reçu une lettre d'un couple dont la fille avait été assassinée. Cette jeune femme, professeur brillant, avait été tuée par un cambrioleur qu'elle avait surpris chez elle. Elle était enfant unique et ses parents vivaient l'enfer depuis sa mort. Ils m'écrivaient que, depuis qu'ils avaient lu des récits de NDE, leur peine leur paraissait moins insupportable.

Tous ceux qui font des recherches sur la NDE peuvent citer de pareils cas où des gens ont pu admettre la mort d'un être cher en entendant parler de la NDE. Je pense que cela permet à beaucoup de gens endeuillés de comprendre que la mort est un passage, que même si les circonstances de la mort sont épouvantables, une fois que l'on a quitté son corps, on ne souffre plus et que, en fait, on ressent une profonde impression de soulagement. Enfin, d'après de nombreux témoignages, dans le monde spirituel, on sera réuni à ceux que l'on aime. Ce seul élément suffit à atténuer la peine de la plupart des gens.

Les effets de la NDE chez les suicidaires

La meilleure façon de traiter ce point est de rechercher les effets que peut avoir la NDE quand elle se produit à la suite d'une tentative de suicide.

Le Dr Bruce Greyson a mené une étude étendue sur les suicidaires ; il a découvert que non seulement le fait d'avoir une NDE mais, simplement, de savoir que cela existe entraîne presque dans tous les cas la disparition du désir de suicide.

Le Dr Greyson travaille au service des urgences psychiatriques de l'université du Connecticut ; à ce titre, il voit tous les jours arriver des gens qui ont tenté de se tuer. Il s'est aperçu que, si l'on compare un groupe de suicidaires qui ont vécu une NDE à la suite d'une tentative à un groupe de suicidaires qui n'en ont pas eu, presque tous les gens du premier groupe ne refont plus jamais de tentative. En revanche, un grand nombre de gens du deuxième groupe essaient à nouveau de se tuer. Avoir une NDE semble donc bien faire disparaître les tendances suicidaires.

Un chercheur de New York a donné des études de cas de NDE à des gens qui avaient tenté de se suicider. Il a constaté que cette lecture faisait abandonner l'idée que le suicide soit une solution. Cette expérience a été répétée plusieurs fois avec le même résultat : recevoir des informations sur la NDE empêche les gens d'attenter à leurs jours.

Ces conclusions ne m'étonnent pas. Souvent, les gens essaient de se suicider parce qu'ils ont perdu l'espoir. Ils se sentent écrasés par le fardeau de la vie et le manque de croyances spirituelles. La NDE répond à ce manque. Là où les gens pensaient que la vie ne mène nulle part, ils se mettent à sentir qu'une vie riche et satisfaisante les attend dans l'au-delà. Le savoir leur donne le moyen de soulager leur souffrance, leur donne le sentiment que la vie vaut la peine d'être vécue.

Un de mes amis a assisté à cette transformation chez une de ses voisines qui se laissait mourir en négligeant de s'occuper d'elle-même. Un jour, vers le début de l'après-midi, il s'aperçut que son téléphone était en panne. Comme la plupart de ses voisins étaient à leur travail, il descendit la rue pour demander à une vieille dame qui vivait en recluse s'il pouvait appeler de chez elle, pour signaler la panne à la compagnie du téléphone.

Il frappa à la porte de la cuisine et l'entendit venir d'une autre pièce en traînant péniblement les pieds. Elle le fit entrer et, épuisée par l'effort, s'assit à la table de la cuisine; elle se mit alors à respirer de l'oxygène contenu dans un énorme réservoir vert.

Quand il eut fini de téléphoner, il lui parla et apprit que, sur le plan médical, elle n'avait rien. Elle était simplement vieille et déprimée, lui dit-elle, et d'être tellement restée assise l'avait rendue si faible que son médecin lui avait prescrit une bouteille d'oxygène pour faciliter ses mouvements, aussi faibles soient-ils.

Mon ami refusa d'accepter cette explication. Il estimait qu'elle était en train de mourir par manque d'exercice. Il décida de lui donner quelque chose qui changerait son état d'esprit. Il retourna donc chez lui et revint avec un exemplaire de *La Vie après la vie* qu'il lui conseilla de lire.

Quelques jours plus tard, il la vit qui remontait lentement la rue, le livre à la main. Elle le remercia abondamment : c'était la première fois qu'elle sortait de chez elle depuis un an, parce que c'était la première fois qu'elle en avait envie. Elle ne se sentait plus aussi désavantagée par son âge et l'inévitable issue. L'espoir d'une vie après la vie l'aida à mieux accepter l'ici et maintenant.

Mon ami m'a signalé que cette femme s'est mise très activement au jardinage et n'a plus besoin de la compagnie constante de ces grandes bouteilles d'oxygène.

La science serait-elle modifiée par la preuve de la NDE ?

Le monde, disent les scientifiques, obéit à un ensemble de lois naturelles. Par exemple, la notion d'après laquelle la pesanteur maintient nos pieds sur la planète est une simplification des lois de la gravité. Une autre loi énonce que toutes les formes de vie terrestre se sont élaborées à partir du carbone. La science repose, entre autres, sur ces assertions, et de nombreux progrès ont été rendus possibles par la connaissance et le respect de ces lois.

Si nous ouvrions une nouvelle perspective en prouvant la réalité de la vie après la mort, cela révolutionnerait la science en proposant à la recherche scientifique d'autres dimensions que celles que nous connaissons.

Par exemple, s'il était démontré qu'un individu donné peut quitter son corps et traverser les murs par la seule intervention de la pensée, cela obligerait la science à réviser sa façon de penser les communications et les déplacements, pour ne rien dire des propriétés du vivant.

Prouver la réalité de la NDE reviendrait à reconnaître un univers totalement différent, certainement plus évolué que celui dans lequel nous vivons actuellement. Les implications d'une pareille découverte défient toute description. Peut-on imaginer ce que représenterait d'accéder à une autre dimension et de pouvoir parler avec les représentants d'une civilisation disparue depuis des siècles ? De même, peut-on imaginer les conséquences de la preuve de l'existence du monde des esprits sur la science militaire ? Je pense que cela la rendrait virtuellement obsolète.

Si nous étions sûrs qu'il existe un monde spirituel où les seules valeurs sont l'amour et la connaissance, et que les choses pour lesquelles on se fait la guerre — l'argent, le territoire, le pouvoir politique — n'ont d'importance que sur cette terre, cela nous ferait certainement changer d'attitude envers les peuples que nous considérons comme des ennemis.

Cela nous amènerait à voir ces peuples sous un autre éclairage. Après tout, l'existence d'un monde spirituel impliquerait que nous sommes destinés à côtoyer ces peuples pour toute l'éternité. Cela impliquerait aussi que, dans notre vie après la vie, nous pourrions apprendre ce qu'ils pensent exactement de la vie sur terre et de nous-mêmes. Le seul fait de connaître l'existence d'une telle dimension nous rendrait certainement plus tolérants les uns envers les autres.

La NDE pose un problème : actuellement, nous ne disposons que de témoignages anecdotiques. Il n'a pas encore été possible de les reproduire systématiquement ou de les étudier à un niveau plus élaboré que ce que nous pourrions appeler le témoignage oral. Tant que le phénomène de la NDE ne peut être reproduit scientifiquement, la science ne peut accepter ces récits qu'à titre de preuve seulement de l'existence de quelque chose qui arrive quand on frôle la mort.

Quoique ces anecdotes aient pu me paraître, à moi et à une foule d'autres médecins, extrêmement convaincantes, tant que l'on n'aura pas pu les reproduire, la NDE restera sujette à caution.

L'intérêt pour la NDE peut-il être un phénomène de mode ?

Certaines personnes pensent que les NDE intéressent le public parce qu'il s'agit d'une nouveauté. On présente parfois mon livre *La Vie après la vie* comme le premier ouvrage connu sur la NDE. Compte tenu de la nouveauté du sujet, l'intérêt suscité devrait finir par retomber, et la NDE sombrer dans les oubliettes comme le hula-hoop ou le yoyo.

En réalité, rien de tout cela n'est vrai. On relève des cas de NDE tout au long des siècles passés. Des références existent même dans *La République* de Platon, qui date de plusieurs siècles avant Jésus-Christ.

Ce qui est exact, c'est qu'il existe actuellement beaucoup plus de comptes rendus de NDE qu'il y a une vingtaine d'années, grâce au développement des techniques de réanimation cardio-pulmonaire. Elles permettent en effet de sauver de la mort un nombre de gens bien plus important qu'auparavant.

La majorité des gens que j'ai interrogés sur leur NDE n'auraient pu être ranimés si l'épisode qui les a conduits au seuil de la mort s'était produit il y a trente ou quarante ans. C'est pourquoi, au lieu de voir les récits de NDE cantonnés sous la rubrique des curiosités pittoresques dans d'obscurs journaux médicaux, comme c'était le cas jusque-là, nous disposons aujourd'hui de milliers de cas bien documentés.

Une autre différence tient à ce que les gens parlent beaucoup plus volontiers de leurs expériences. Ils craignent moins d'être classés comme cinglés par un médecin. Ils n'ont plus du tout à s'inquiéter d'être enfermés dans un asile psychiatrique comme cela aurait pu se passer une trentaine d'années plus tôt.

A présent, les gens racontent plus facilement

leurs expériences hors du commun. En outre, quand ils le font, ils peuvent recevoir une aide de la part de personnes qui, comme eux, ont vécu une NDE et ont dû l'assumer.

Puisqu'il est question de références historiques, le premier récit de NDE que je connaisse se trouve dans les *Dialogues* de Grégoire le Grand, un pape du VIe siècle dont les écrits spirituels sont réunis sous ce nom.

Dans le dernier volume des *Dialogues*, on peut lire un ensemble de quarante-deux anecdotes qui apportent la « preuve » de l'immortalité de l'âme. On y trouve toute la gamme des histoires de visions des mourants, de fantômes et les récits de gens qui ont failli mourir. La plupart de ces histoires ont été enjolivées par Grégoire le Grand pour pouvoir insister plus lourdement sur la morale à en tirer.

Dans le passage suivant, un soldat « meurt » et revient à la vie avec un récit impressionnant sur l'au-delà et le destin d'un homme d'affaires de Constantinople nommé Stéphane.

> Certain soldat de cette cité des nôtres se trouva terrassé (par la peste). Il fut tiré à l'extérieur de son corps et gisait sans vie, mais il revint bientôt parmi les vivants et raconta ce qui lui était arrivé. A cette époque, il y avait beaucoup de gens qui vivaient ce genre de choses. Il dit qu'il y avait un pont, sous lequel coulait une rivière sombre aux eaux troubles qui dégageait une intolérable puanteur. Mais de l'autre côté du pont, il y avait de délicieuses prairies couvertes d'une herbe verte et de fleurs au doux parfum. Ces prairies semblaient être le lieu de rencontre de gens vêtus de blanc. L'air était plein d'une senteur si plaisante que cette douce odeur était par elle-même suffisante pour satisfaire [tous les besoins] des habitants qui se promenaient là. En ce lieu, chacun avait sa propre habitation indépendante, pleine d'une splendide lumière. On construisait là une maison d'une dimension étonnante,

apparemment en briques d'or, mais il ne put découvrir à qui elle pouvait être destinée. Sur la berge de la rivière, il y avait des habitations dont certaines étaient contaminées par la vapeur fétide qui montait de la rivière, mais d'autres n'étaient pas du tout touchées.

Sur le pont, on passait une épreuve. Si jamais un être injuste voulait traverser, il glissait et il tombait dans les eaux noires et puantes. Mais le juste, qui n'était pas paralysé par la faute, avançait facilement et librement vers la région de délices. Il révéla qu'il avait vu Pierre, un ancien de la famille ecclésiastique, qui était mort quatre ans plus tôt; il gisait dans l'horrible vase sous le pont, chargé d'une énorme chaîne de fer. Quand il demanda la raison de ce traitement, il lui fut donné une réponse qui nous remit en mémoire exactement ce que nous savions des forfaits de cet homme. On lui dit : « Il souffre cela parce que, chaque fois qu'il reçut l'ordre de châtier quelqu'un, il avait l'habitude de frapper plus par amour de la cruauté que par amour de l'obéissance. » Personne de ceux qui l'ont connu ne peut ignorer que c'est bien ainsi qu'il se conduisait.

Il vit aussi certain prêtre pèlerin s'approcher du pont et le traverser avec autant de sang-froid dans sa démarche qu'il y avait eu de sincérité dans sa vie. Sur ce même pont, il dit avoir reconnu ce Stéphane dont nous parlions précédemment. En essayant de traverser le pont, Stéphane glissa et la partie inférieure de son corps se trouva suspendue à l'extérieur du pont. Des hommes hideux sortirent de la rivière et le saisirent par les hanches pour l'entraîner. En même temps, des hommes d'une grande splendeur, habillés de blanc, commencèrent à le tirer par les bras. Pendant que cette lutte se déroulait, avec les bons esprits le tirant vers le haut et les mauvais esprits vers le bas, celui qui assistait à tout cela fut renvoyé dans son corps. Il ne sut donc jamais l'issue du combat.

Cependant, ce qui est arrivé à Stéphane peut être expliqué par sa vie. Car en lui les démons de la chair luttaient avec le bon travail de la charité. Puisqu'il était tiré vers le bas par les hanches et vers le haut par les bras, il est facile de voir qu'il aimait faire l'aumône mais que, pourtant, il ne sut pas complètement se garder des vices de la chair qui le tiraient vers le bas. Le côté qui fut victorieux dans ce combat, cela nous est caché et n'est pas plus clair pour nous que pour celui qui a vu tout cela et est revenu à la vie. Toutefois, il est certain que même si Stéphane était allé en enfer et en était revenu, comme nous l'avons rapporté plus haut, il n'avait pas complètement réformé sa vie. Par conséquent, quand il quitta son corps bien des années plus tard, il dut encore affronter un combat à mort.

Conclusion

Dès la parution de *La Vie après la vie*, il me parut évident, compte tenu de l'incroyable popularité du sujet, que ma vie ne serait plus jamais la même. Je me rendis compte que la mort est le plus grand mystère auquel l'humain soit confronté et que tout le monde désire comprendre ce mystère.

Les NDE nous intéressent parce qu'elles constituent la preuve la plus tangible que l'on puisse trouver de l'existence de l'esprit. Elles sont vraiment la lumière au bout du tunnel.

5

La NDE n'est pas une maladie mentale

A la fin de l'une des conférences du Dr Michael Sabom sur la NDE, un cardiologue en colère se leva et s'en prit au célèbre chercheur. Il était médecin depuis trente ans, déclara-t-il, et avait ramené des centaines de gens du seuil de la mort.

« Cela fait des années que je m'occupe de réanimation, dit-il violemment, et je n'ai jamais rencontré un seul cas de NDE chez mes patients ! »

Avant même que Sabom puisse répondre, un homme, assis derrière le contradicteur, se leva. Il dit : « Je suis l'un de ces malades dont vous avez sauvé la vie, et je vous garantis que vous êtes bien la dernière personne à qui je parlerais de ma NDE. »

Le message est clair : beaucoup de médecins et de membres du personnel médical sont mal perçus par les gens qui ont une NDE, d'une part parce qu'ils ne sont pas réceptifs, d'autre part parce qu'ils ne savent pas comment réagir. Nombre des gens que j'ai interrogés depuis toutes ces années m'ont rapporté que leurs médecins leur avaient tout bonnement conseillé de faire comme si rien ne s'était passé. Dans le meilleur des cas, ils expliquaient la NDE comme un mauvais rêve, quelque chose qu'il valait mieux oublier. Au pire, ils laissaient entendre qu'il s'agissait d'une forme de maladie mentale à soigner sur le divan du psychanalyste ou en hôpital psychiatrique. Ils n'entendaient même pas que leurs patients leur parlaient de la NDE comme d'une expérience positive, une expérience d'élévation spirituelle. Il est exact que le corps médical interprète souvent la NDE comme un signe de dérangement mental...

Dans l'ensemble, les sujets auxquels j'ai parlé ne se soucient même pas de signaler leur NDE à leur médecin, pas plus qu'à leur famille ou à leurs amis, pour la même raison. Dès le moment de leur retour, ils se rendent compte que, s'ils parlaient à quelqu'un du « tunnel » et des « Êtres de Lumière », on les croirait fous. Ils gardent donc pour eux leur merveilleuse expérience et ne partagent avec personne l'événement qui les a si profondément transformés. Parfois, le seul fait d'évoquer sa NDE déclenche une vague d'ennuis.

Ce fut le cas pour Martha Todd, un professeur d'anglais à l'excellente réputation. Il y a quelques années, elle a vécu une NDE très forte au cours d'une intervention chirurgicale mineure, l'ablation d'un kyste.

Presque immédiatement après avoir été anesthésiée, elle eut une réaction allergique qui détermina un arrêt cardiaque. Elle se souvient d'avoir entendu le chirurgien crier pour qu'on amène le « chariot d'urgence », l'équipement nécessaire pour une réanimation d'urgence. Elle se rendit compte qu'elle avait « des ennuis » mais, en même temps, elle se sentait « tellement détendue et tranquille que cela n'avait aucune importance ». Elle entendit quelqu'un qui disait « arrêt cardiaque », puis il lui arriva ce qui suit :

> Je me suis retrouvée en train de monter vers le plafond en flottant. Je voyais parfaitement toutes les

personnes autour de mon lit, de même que mon corps. Je trouvais très bizarre qu'ils s'inquiètent tellement pour mon corps. J'étais très bien et je voulais le leur dire mais, apparemment, je n'avais aucun moyen de le faire. C'était comme s'il y avait eu un écran ou un voile entre eux et moi.

Puis j'ai pris conscience d'une ouverture, si tant est qu'on puisse l'appeler ainsi. C'était long et noir et je commençai à m'y engouffrer. J'étais intriguée mais ravie. En sortant de ce tunnel, j'ai débouché dans un lieu plein d'amour doux et brillant, et de lumière. L'amour était partout. Il m'entourait et me donnait l'impression de m'imprégner jusqu'au cœur même de mon être. A un moment, on m'a montré, ou j'ai vu, les événements de ma vie. Ils se présentaient comme dans un vaste panorama. Tout cela est vraiment indescriptible. Des gens que j'avais connus et qui étaient morts étaient avec moi dans la lumière. Il y avait un de mes amis qui était mort au collège, mon grand-père et une grand-tante, entre autres. Ils étaient heureux, rayonnants.

Je ne voulais pas repartir, mais un homme qui était dans la lumière me dit qu'il le fallait, que je n'avais pas achevé ma tâche sur la terre.

Je suis revenue dans mon corps avec un sursaut.

Presque immédiatement après son expérience, Martha sut que sa vie avait changé, que de nouvelles réalités lui étaient devenues accessibles et qu'elle ne serait plus jamais la même. Elle voulut parler à sa famille, à ses amis et même à son médecin de ce qu'elle venait de vivre. Or, tandis qu'elle cherchait les mots susceptibles de rendre compte de cet épisode, elle s'aperçut avec effroi de ce qu'elle déclenchait : sur le visage des gens à son chevet, elle ne lisait ni l'intérêt ni la joie, mais l'inquiétude et même la peur !

« Ils pensaient que j'avais perdu la tête », dit Martha. « Ma mère était très inquiète. Elle essaya d'abord de me sermonner, de me dire qu'il était facile de se laisser emporter par la Bible et que je devais reprendre mon sang-froid. J'ai essayé de lui expliquer que je ne parlais pas de quelque chose que j'aurais lu ou entendu à l'église. Au contraire, j'insistai bien sur le fait que c'était quelque chose qui m'était arrivé. »

Si ses parents avaient mal réagi, ce fut encore pire avec son médecin.

« Il a dit à ma famille que je délirais, que j'avais des hallucinations. Il voulait directement m'envoyer consulter un psychiatre. Tout le monde pensait que j'étais devenue folle ; on m'envoya donc dans un hôpital psychiatrique pour me faire soigner. Je n'arrivais pas à croire que cela m'arrivait, à moi. »

J'aimerais pouvoir penser que les choses se passeraient différemment si Martha Todd avait une NDE aujourd'hui. Ne serait-ce que parce que les psychiatres et les psychologues savent maintenant ce qu'est une NDE : les personnes qui en parlent ne devraient donc plus risquer de se retrouver en hôpital psychiatrique. En revanche, malheureusement, beaucoup de médecins et de membres du personnel médical ne connaissent pas grand-chose à ce sujet. Pour eux, la frontière entre la NDE et la maladie mentale n'est pas très nette. Or, leur attitude est importante. Comme ils sont souvent les premières personnes que voit le malade après une NDE, de la façon dont ils l'écouteront dépend que le patient se sente honteux ou heureux de ce merveilleux épisode.

Il s'agit d'une situation très regrettable car, au contraire de la maladie mentale, la NDE engendre le plus souvent une remise en cause intellectuelle et un bien-être grâce auxquels la personne se sent mieux dans sa peau qu'avant. La maladie mentale, elle, conduit à la tristesse, au désespoir, à la dépression.

Malgré tout cela, il se trouve encore des membres

du corps médical pour affirmer que la NDE est une forme de maladie mentale. Ils le font car, de façon pourtant très superficielle, la NDE type rappelle certains désordres mentaux. J'insiste sur le fait que ce n'est que de façon très superficielle. Quand on examine les faits de plus près, comme nous allons le faire, on voit bien que la NDE ne ressemble pas plus à la folie qu'un agneau à un lion !

Les formes de désordres mentaux le plus souvent invoqués à propos de la NDE sont 1) les psychoses majeures comme la schizophrénie et la paranoïa, 2) certains troubles organiques cérébraux comme le délire, la démence, et un état connu sous le nom d'« épilepsie du lobe temporal ». On va voir comment ces troubles ont pu être confondus avec la NDE et — bien plus important — qu'ils en diffèrent radicalement.

Schizophrénie et autres psychoses

Une psychose — pour dire les choses simplement — est un état où les gens sont en rupture avec la réalité. Par exemple, ils ont perdu le contact avec le monde qui les entoure. Cette difficulté s'exprime par différents symptômes :

— *Hallucinations* : on voit des gens ou des choses qui n'existent pas.

— *Illusions* : idées fausses dont on ne peut détourner le malade, comme de se prendre pour Napoléon.

— *Incohérence de pensée* : on passe du coq à l'âne, d'une idée à l'autre, sans lien logique ou compréhensible.

Il y a différents types de psychoses, mais la schizophrénie est la plus connue. C'est un état où la personne « entend des voix » (hallucinations auditives), a des comportements bizarres, une incohérence de pensée qui inclut souvent l'usage de mots et de phrases bizarres, sans signification, que l'on appelle des néologismes, et une apathie de plus en plus envahissante.

Une personne qui fait un épisode schizophrénique peut se dire tourmentée par des voix et des pensées chaotiques, fragmentaires, qui ont un effet si débilitant sur la personnalité que, dans bien des cas, la maladie ne fait qu'empirer. Souvent, le schizophrène s'isole, incapable d'établir le contact d'une façon sensée avec une autre personne. En résumé, il devient incapable de fonctionner socialement.

On voit immédiatement tout ce qui sépare cette terrible maladie de l'expérience presque toujours épanouissante qu'est la NDE. On peut objecter que les sujets entendent souvent des voix au cours de leur expérience, mais ces voix s'expriment avec des mots compréhensibles et de façon cohérente ; on est loin d'un indéchiffrable délire.

Là où les schizophrènes risquent de s'écrouler sans pouvoir faire face à leur vie sociale, les sujets de NDE sont généralement mieux insérés dans leur environnement qu'ils ne l'étaient avant cette expérience. De même, si l'on peut voir un « Être de Lumière » au cours d'une NDE, les gens ne pensent pas pour autant être Napoléon ou Dieu. La NDE est une expérience cohérente qui s'inscrit dans un laps de temps défini, s'achève nettement et a des conséquences positives. La schizophrénie consiste en une suite d'expériences incohérentes qui peuvent se poursuivre sur de longues périodes de temps — parfois toute une vie — et laissent en général le malade dans un très mauvais état.

Mon expérience de psychiatre me permet d'affirmer que la ressemblance entre la NDE et la schizophrénie est tout à fait superficielle et disparaît rapidement si l'on étudie de près les cas individuels. A titre d'illustration, on va lire ci-dessous des extraits de deux entretiens. Le premier a eu lieu avec une schizophrène et le second avec une femme qui a eu une NDE. Chacun de ces exemples est typique en son genre. Cela aidera le lecteur à décider par lui-même s'il faut qualifier la NDE de maladie mentale.

Entretien avec une schizophrène

Voici un extrait d'un entretien réalisé en hôpital psychiatrique avec une schizophrène chronique de cinquante-huit ans. Le médecin essayait de savoir ce qui s'était passé dans sa vie et ce qui se passait dans sa tête.

Docteur. — Bonjour, j'aimerais savoir ce qui vous a amenée à l'hôpital. Pourquoi êtes-vous entrée ici ?

Helen. — Je ne sais pas pourquoi on m'a amenée.

Docteur. — Bon. Quelle sorte de difficultés avez-vous aujourd'hui ? Y a-t-il quelque chose qui vous ennuie ?

Helen. — Eh bien, je sais que ces gens me mettent des ondes radio dans la tête... sur une fréquence qui n'est pas de notre monde.

Docteur. — Qui sont ces gens ?

Helen. — Je ne sais pas qui c'est. Ils sont au moins à mille kilomètres d'ici. Mais ils m'envoient sans arrêt des messages dans la tête. S'il vous plaît, appelez le FBI et demandez-leur de venir. Je sais qu'ils ont des moyens de remonter à la source des ondes radio et ça devient terrible. Ils font des émissions dans ma tête sans arrêt.

Docteur. — Est-ce qu'ils émettent en ce moment ?

Helen. — Oui.

Docteur. — Est-ce que vous les entendez en ce moment ?

Helen. — Oui.

Docteur. — Donc, vous entendez les voix en ce moment ?

Helen. — Oui.

Docteur. — Pouvez-vous me dire ce que disent les voix ?

Helen. — Eh bien... je ne peux pas dire exactement ce qu'elles racontent.

Docteur. — Est-ce que ce sont des voix d'hommes ou de femmes ?

Helen. — (Après une pause pour écouter et réfléchir.) Non, je ne sais pas.

Ce bref fragment d'un entretien beaucoup plus long est typique de la façon dont les schizophrènes parlent de leurs « voix ». La plupart du temps, ils ne peuvent pas entendre ce que disent ces voix. Elles sont trop loin ou brouillées. Parfois, elles ressemblent même au grondement lointain du tonnerre. Quand ils peuvent comprendre les voix, elles tiennent en général des propos hostiles au patient ou à son entourage.

Il est clair, d'après le comportement des schizophrènes, que ces hallucinations sont de qualité auditive. On les voit souvent tourner la tête quand ils entendent les voix, tourner les yeux ou les oreilles en direction de la « conversation ».

Entretien avec le sujet d'une NDE

Pour pouvoir comparer, voici maintenant un extrait d'un entretien avec Alice, une femme de soixante ans qui avait eu une NDE classique au cours d'une procédure de réanimation entreprise à la suite d'un arrêt cardiaque. Elle se décrit en train de quitter son corps et d'observer la réanimation d'un point de vue élevé. Ensuite, elle traversa un tunnel et arriva dans une lumière très forte où elle rencontra trois membres décédés de sa famille, sa mère, son père et une de ses sœurs. L'enquêteur l'a interrogée pour avoir des détails sur certains aspects de sa NDE.

Docteur. — Vous dites que, quand vous étiez à l'extérieur de votre corps mais encore dans votre chambre d'hôpital, vous voyiez ce que l'on faisait pour essayer de faire repartir votre cœur. Vous compreniez aussi ce que l'on disait.

Alice. — Oui, je les comprenais. Mais je n'arrivais pas à attirer leur attention. Pour eux, c'était comme si je n'étais pas là.

Docteur. — Bien. Ce que j'aimerais savoir, c'est comment vous pouviez savoir ce qu'on disait ? Je veux dire, avez-vous entendu des voix ou bien était-ce plutôt comme...

Alice. — Non ! Je n'ai pas entendu de voix. On n'entend pas les voix comme je vous entends en ce moment. Je ne me rappelle pas avoir entendu quoi que ce soit de cette façon, avec mes oreilles. C'est autre chose : vous comprenez sans qu'ils aient besoin de dire les mots. Je pouvais comprendre ce que mon médecin pensait. Je sentais à quel point il s'inquiétait pour moi ; je le sentais penser que j'allais mourir.

Il s'apprêtait à dire : « Il vaudrait mieux appeler la famille. » Je savais qu'il allait le dire. Ce n'était pas du tout comme si j'avais entendu sa voix. De toute façon, je ne pense pas que j'aurais pu l'entendre à ce moment-là. J'étais morte ! Simplement, je piochais dans ses pensées.

Docteur. — Est-ce que votre médecin a demandé à quelqu'un d'appeler votre famille ? Le savez-vous ?

Alice. — Oui, c'est ce qu'il a fait. J'ai longuement parlé de tout cela avec lui ; il ne savait vraiment pas quoi penser ! Il m'a demandé de le lui raconter plusieurs fois et il n'a pas arrêté de hocher la tête. Il m'a confirmé que tout ce que j'avais dit sur ce qui s'était passé était exact, mais qu'il n'arrivait pas à comprendre comment je le savais, parce que, pour lui, à ce moment-là, j'étais morte.

Docteur. — Donc, il a appelé votre famille ? Ou bien il a dit à quelqu'un de le faire ?

Alice. — Oui, il m'a dit qu'il l'avait fait, exactement comme je le savais. Et d'autres choses aussi, dont je lui ai parlé : il m'a dit que tout était vrai.

Docteur. — Pourtant, vous dites que ce n'était pas vraiment comme quand on entend les gens parler ?

Alice. — C'est bien ça. C'était plus comme si je pouvais lire dans leurs pensées. Je voyais bien leurs lèvres bouger pour parler, mais je ne me souviens pas d'avoir entendu leurs voix. C'était plus de la compréhension. Comme de comprendre ce qu'ils pensaient.

L'enquêteur demande également des détails sur la partie de son expérience où, après le voyage dans le tunnel, elle s'est trouvée en présence de sa mère, de son père et de sa sœur. Ces personnes étaient toutes les trois mortes depuis plusieurs années.

Docteur. — C'est aussi dans cette lumière que vous avez senti que vous étiez avec des membres de votre famille qui étaient morts depuis longtemps.

Alice. — Oui. Mon père, qui est mort en 1932, sauf erreur de ma part. Ma mère était là, et elle est morte en 1949. Quant à ma sœur, elle est morte en 1970.

Docteur. — Avez-vous eu l'impression de communiquer avec eux, d'une façon ou d'une autre ?

Alice. — Oh oui ! Il y avait beaucoup d'amour. Il y avait de l'amour des deux côtés. Vous saviez quels étaient leurs sentiments. Ils m'ont dit aussi que je devais m'en retourner. Ils savaient que je n'aurais pas dû me trouver là. Ils m'ont dit que je devrais repartir et finir ma vie.

Docteur. — Hmmm. Savez-vous ce qu'ils voulaient dire par là ?

Alice. — Non, je n'ai jamais compris pourquoi je n'avais pas le droit de rester avec eux. Mais je suppose qu'ils étaient mieux placés que moi pour savoir ce qu'il fallait faire ! Je ne sais toujours pas pourquoi j'ai dû revenir.

Docteur. — Donc, vous dites qu'ils vous ont annoncé que vous deviez repartir. Est-ce que c'était comme si vous les entendiez ?

Alice. — Non, docteur. Encore une fois, ce n'est pas comme ça que ça se passe. Quand vous êtes là-bas, vous n'avez pas besoin de mots. Vous savez instantanément ce qu'ils pensent et ils le savent de la même façon pour vous. Je ne peux pas dire mieux.

On le voit bien, il y a une petite différence entre un épisode psychotique et une NDE. Comme je l'ai précédemment signalé, la NDE aide les gens à mûrir, à atteindre un certain niveau de joie et d'épanouissement. La psychose les entraîne à l'opposé, dans la dépression et le désespoir.

En outre, on ne peut pas dire que les gens qui ont une NDE ont des hallucinations quand ils font une expérience de sortie du corps, car l'hallucination implique de perdre le contact avec la réalité de l'environnement.

Alice dit bien qu'elle était tout à fait consciente de ce qui se passait dans sa chambre d'hôpital pendant sa « mort ». Son cas n'est pas isolé. D'autres chercheurs ont découvert, comme moi, que les sujets de NDE qui ont une expérience de voyage hors du corps peuvent très bien rapporter ce qui se passait autour d'eux, même s'ils étaient « dans les vapes ». Il faut également savoir que les récits des sujets de NDE ont été vérifiés par des observateurs indépendants comme le personnel médical ou les membres de la famille du patient. Ces témoins ont systématiquement été impressionnés par l'exactitude des récits sur ce qui s'était passé.

Les désordres mentaux d'origine organique

Dans la plupart des cas, les NDE se produisent dans des conditions où le cerveau souffre d'un manque d'oxygène. Comme le cerveau peut répondre de différentes façons à l'insuffisance de ce gaz vital, beaucoup de gens ont suggéré que les NDE pouvaient n'être qu'une réaction du cerveau en situation d'urgence, ou dans un état communément connu sous le nom de « délire ».

Le délire accompagne fréquemment différentes maladies graves ; il implique un important déséquilibre chimique du cerveau, déséquilibre en général réversible sans aucune séquelle pour la santé mentale de la personne.

Un malade en train de délirer est désorienté par son état, avec une perception altérée du monde environnant. Il a souvent des hallucinations proches du cauchemar, où il voit des animaux ou des insectes. Les idées sont souvent décousues, désordonnées et impossibles à poursuivre. Il est rare qu'un malade atteint de délire soit capable de se concentrer correctement et, quand on ne lui parle pas, il peut sombrer dans un état hallucinatoire.

Les délirants regardent leurs hallucinations de façon impersonnelle, comme si elles se déroulaient à distance sur un écran de cinéma. Un malade, par exemple, m'a raconté qu'il regardait un troupeau de chevaux emballés en train de traverser un vaste désert. Apparemment, il se trouvait au milieu des chevaux, mais c'était tout à fait comme s'il regardait la scène sur un écran.

Quand leur délire prend fin, les malades n'en conservent le plus souvent que des souvenirs imprécis et en parlent d'une manière décousue, fragmentaire. D'après leurs dires, leur délire ne revêt à aucun moment de signification personnelle profonde; ils n'en parlent pas non plus comme d'une transformation spirituelle.

Au fil des ans, j'ai interrogé des dizaines de malades délirants, pendant leurs crises de délire et après. Le récit qu'ils peuvent faire de leur expérience est totalement différent de ce que l'on entend après une NDE.

On ne retrouve pas dans la description d'un épisode délirant les caractères habituels de la NDE :

sortie du corps, déploiement panoramique de la mémoire, amour intense et pénétrant, ou aucun autre des traits connus. Les délirants parlent de leur épisode comme d'un coup de malchance, une désagréable aberration qu'ils sont heureux de voir se terminer. Pour eux, ce n'est pas un tournant spirituel de leur vie, une vision qui donnerait un nouveau sens à leur existence et leur apporterait la joie. Ils ne disent certes pas que leur délire leur fournit une référence morale. En fait, ils qualifient rarement leur délire d'autre chose que de « mauvais voyage » *(bad trip)*.

Par exemple, un homme qui approchait des quatre-vingts ans reçut accidentellement une dose trop forte d'un médicament. On l'avait amené aux urgences en raison d'un état de violente agitation. Il divaguait et parlait de façon incohérente. J'eus l'occasion de l'interroger alors qu'on l'avait attaché sur une table d'examen pour l'empêcher de tout casser et de se blesser.

Alors que je lui parlais, il avait l'air de regarder une scène au loin. Il pointa le doigt droit devant lui et me dit de regarder les chiens qui couraient en suivant la rivière.

Deux jours plus tard, il avait retrouvé son état normal. Il ne se souvenait de rien de ce qui lui était arrivé dans la salle des urgences...

On m'a appelé à diverses occasions au chevet de patients en pleine crise de délire ou d'hallucinations. Un homme qui avait beaucoup de fièvre se plaignait de voir des poissons nager autour de sa tête. Un jeune homme qu'on soignait pour des brûlures profondes était hanté par des visions de bébés en train de bouillir dans des chaudrons. Une femme d'environ trente-cinq ans, très malade à cause d'une infection contractée à la suite d'une intervention chirurgicale mineure, voyait des cercueils sur un terrain de football d'un vert intense. Aucune des personnes persécutées par des visions délirantes à qui j'ai parlé n'a jamais employé à ce sujet les termes extasiés qu'on entend à propos des NDE.

Les hallucinations autoscopiques

Il existe une foule de phénomènes cliniques fascinants dont le grand public n'entend jamais parler. L'hallucination autoscopique en fait partie. Je la cite ici car des sceptiques ont affirmé que l'expérience de sortie du corps décrite dans les NDE n'est rien d'autre qu'une hallucination autoscopique.

En réalité, il y a une grande différence entre ces deux phénomènes. L'hallucination autoscopique consiste en une projection de la propre image du sujet dans son espace visuel. Il se « voit » de la même façon qu'il verrait une autre personne. C'est un phénomène rare, lié à des migraines et à l'épilepsie. D'après ma propre expérience — car je n'ai en effet rien trouvé sur ce point dans la littérature médicale —, on le rencontre aussi en association avec les attaques d'apoplexie.

En général, le (la) malade ne voit que le haut de son corps. Il arrive toutefois qu'un patient dise avoir vu tout son corps. Très souvent, cette image fait les mouvements que fait la personne, et en même temps qu'elle. On la décrit en général comme une image transparente et — détail qui me paraît très déconcertant — le phénomène se produit habituellement au crépuscule.

Le président Lincoln a raconté avoir vécu une pareille expérience à la Maison Blanche. Un soir, il était allongé sur un canapé. Il vit alors une image de lui-même, de pied en cap, comme s'il se regardait dans un miroir. Il est difficile d'imaginer comment le pays réagirait si l'occupant actuel de la Maison Blanche faisait un récit de ce type !

A ma connaissance, le premier compte rendu d'un cas d'hallucination autoscopique se trouve chez Aristote. Il parle en effet d'un homme qui se voyait fréquemment dans la foule quand il déambulait au long des rues d'Athènes.

J'ai moi-même pu recueillir le témoignage d'un homme qui a souffert de ce trouble. Il venait d'avoir une attaque et je l'avais fait admettre aux urgences. Il me dit que le premier signe de la maladie s'était manifesté tandis qu'il présidait un dîner de remerciement. Il avait commencé à avoir mal à la tête. Il n'y avait pas accordé beaucoup d'attention, jusqu'au moment où, levant les yeux, *il se vit* en train de traverser la salle de réception. Il portait un complet avec une petite fleur au revers ; il se dirigea vers l'une des tables, s'assit et parut visiblement prendre du bon temps.

Cet homme se dit qu'il était arrivé dans la fameuse quatrième dimension. En un sens, c'était exact. Son attaque avait déclenché une hallucination autoscopique.

Ces phénomènes ont fait l'objet de nombreuses études et n'ont rien à voir avec les épisodes hors du corps qui peuvent se produire au cours d'une NDE.

Dans l'expérience hors du corps typique (ou OBE[1]), la personne explique qu'elle voyait les choses depuis un point situé à l'extérieur de son corps *et* qu'elle voyait son corps à une certaine distance. Elle ne voit pas son corps comme s'il était transparent, mais aussi compact que dans la réalité.

Le sujet d'une OBE signale aussi que sa conscience se situe à l'extérieur de son corps matériel.

1. OBE : Out of Body Experience. On trouve aussi, dans des ouvrages plus anciens, OOBE.

Dans une hallucination autoscopique, la conscience reste vécue comme présente à l'intérieur du corps, exactement comme vous, lecteur, l'expérimentez en ce moment.

L'OBE présente encore d'autres différences. Par exemple, les sujets racontent fréquemment qu'ils se sont déplacés et ils peuvent dire avec précision ce qui se passait dans des lieux autres que celui où se trouvait leur corps physique. Or, dans l'hallucination autoscopique, la vision se fait toujours depuis le corps, et le phénomène ne permet pas à la personne d'aller voir ailleurs ce qui s'y passe.

J'avoue être absolument fasciné par le fait que le cerveau possède des fonctions telles que l'hallucination autoscopique. Je n'ai aucune idée de ce à quoi elle peut servir. En revanche, ce que je peux vous dire, c'est que cette hallucination n'a rien à voir avec la NDE !

« Entre vous et Dieu »

J'espère donc l'avoir bien montré, la maladie mentale et la NDE n'ont pas grand-chose en commun. La communauté psychiatrique commence à en prendre conscience. Au lieu d'invoquer un désordre mental devant un cas de NDE, nombre de psychiatres et de psychologues deviennent capables d'aider leurs patients à intégrer leur expérience dans leur vie. Ceux-ci peuvent alors plus facilement l'utiliser de façon positive, au lieu de chercher à l'oublier.

Un homme que j'ai rencontré après une conférence m'a apporté un excellent exemple d'une intervention utile et intelligente de la part d'un psychiatre. Cet homme, Charlie Hill, allait vers la cinquantaine quand il eut un arrêt cardiaque juste après avoir été opéré d'urgence d'un ulcère à vif. Il avait une NDE typique. Cela se passait au début des années 1970, et l'on ne parlait pas encore beaucoup de ces expériences. Quand il parla de sa NDE à sa femme et au chirurgien, ils pensèrent tous les deux qu'il avait perdu la tête. Charlie fut immédiatement envoyé chez un psychiatre.

Ce psychiatre écouta attentivement Charlie lui décrire la vision merveilleuse qu'il avait eue pendant qu'on l'opérait. A la fin, le psychiatre ne put cacher son émotion et déclara : « M. Hill, vous n'êtes pas psychotique. Vous avez eu une expérience spirituelle comme certains des grands hommes de l'histoire en ont eu. Ce qui est arrivé, c'est entre Dieu et vous que cela se passe. »

Peut-on être plus compréhensif ?

6

Les recherches sur la NDE

Jusqu'à la publication de *La Vie après la vie*, il n'y avait pratiquement pas eu d'études sur la NDE. En fait, le sujet ne rencontrait aucun intérêt, ou presque, dans les milieux professionnels.

La plupart des médecins faisaient la sourde oreille si leurs patients essayaient de leur parler de leur NDE. Parfois, ils y voyaient le signe de troubles mentaux et recommandaient un traitement psychiatrique ou même un internement. Comme beaucoup de ses confrères d'aujourd'hui, le médecin d'il y a dix ans n'avait jamais entendu parler d'expériences de « l'au-delà ». Même s'il s'était soucié de rechercher la littérature médicale sur le sujet, il n'aurait pratiquement rien trouvé. A cette époque, il n'existait que quelques études de cas et, en tout état de cause, aucune information sur ce qu'il fallait faire ou dire.

Aujourd'hui, la situation a changé. Grâce à quelques chercheurs qui se sont intéressés au sujet après avoir lu *La Vie après la vie*, les médecins disposent d'une importante documentation — à la fois anecdotique et empirique — sur ce phénomène pourtant si répandu.

Par la lecture de ces travaux, on peut non seulement découvrir les caractéristiques de la NDE, mais aussi apprendre comment parler aux patients de cette expérience merveilleuse mais perturbante.

J'aime à qualifier ces chercheurs de courageux. En effet, il faut du courage pour explorer un domaine où personne ne s'est aventuré auparavant. A l'image des grands explorateurs de la terre, ils partent à la découverte de la géographie de l'esprit. Certains, comme le Dr Michael Sabom ou Kenneth Ring, conduisent leurs recherches de façon très méthodique à partir de faits médicaux bruts. Le Dr Melvin Morse part aussi des faits médicaux, mais ne s'occupe que de la NDE chez les jeunes enfants. D'autres, comme le philosophe Michael Grosso, étudient la NDE dans une optique philosophique, à la recherche de son sens et de ses relations avec les autres phénomènes spirituels. Quelle que soit la voie choisie, ces chercheurs ont dû, tous, à un moment ou à un autre, faire face à des difficultés allant du simple ridicule au doute. Ils ont toutefois poursuivi, aiguillonnés par l'agaçante nécessité de répondre à ces questions d'ordre spirituel.

Les quelques chercheurs dont je veux plus particulièrement présenter les travaux dans ce chapitre comptent parmi les plus actifs pionniers en ce domaine. Bien sûr, il y en a d'autres mais ceux-ci ont vraiment été les premiers à montrer le chemin.

Dr Melvin Morse

Pédiatre installé à Seattle, dans l'État de Washington, le Dr Morse a été le premier à s'intéresser aux NDE des enfants. Ses travaux revêtent une importance d'autant plus grande qu'ils portent sur une population « innocente » de sujets qui n'ont pas encore été exposés trop fortement à un enseignement religieux ou culturel. Si leurs NDE sont identiques à celles de sujets bien plus âgés, elles possèdent en revanche une signification spéciale.

L'intérêt du Dr Morse pour la NDE a été éveillé alors qu'il était interne dans un hôpital de l'Idaho. Il en a alors entendu parler pour la première fois et, depuis, n'a cessé de l'étudier.

« Je suis longtemps resté sceptique, m'a dit le Dr Morse quand je lui ai rendu visite chez lui, à Seattle. Puis, un jour, j'ai lu un long article d'une revue médicale où l'auteur essayait d'expliquer la NDE par divers fonctionnements du cerveau. A cette époque, j'avais déjà longuement étudié la question. Aucune des explications avancées par ce chercheur ne me paraissait satisfaisante. Je finis par me rendre à l'évidence : il avait négligé l'explication la plus simple de toutes, à savoir que les NDE sont réelles. Il n'avait pas envisagé la possibilité que l'âme puisse réellement voyager. »

Voici, racontée par lui-même, l'histoire du Dr Morse.

Je me suis intéressé pour la première fois à la NDE chez les enfants quand j'étais interne dans un hôpital de Pocatello (Idaho). J'étais de garde quand on amena une petite fille qui avait failli se noyer. C'était un cas très étonnant.

Elle nageait dans une piscine du YMCA, un jour de grande foule. Quand tout le monde sortit de la piscine, on s'aperçut qu'elle restait au fond.

Un médecin se trouvait là. C'était le genre de personne qui transporte toute une pharmacie dans son sac de sport. Il put donc immédiatement commencer la réanimation. Puis on emmena la victime à l'hôpital et c'est alors qu'on me demanda de venir la voir.

Elle était dans un coma profond, les pupilles fixes et dilatées. Je me dis qu'elle était probablement perdue, mais je devais lui faire un scanner pour vérifier l'étendue des dégâts. Pour pouvoir lui injecter le produit de coloration nécessaire à l'obtention d'une image du cerveau lisible, il me fallait introduire un tube dans une de ses veines. Je n'oublierai jamais cette scène. Pendant que je glissais ce tube dans son corps, le sang éclaboussait tout, et ses parents, avec des amis, m'entouraient en priant !

Pour moi, cela ne faisait aucun doute : son cerveau se montrerait sérieusement endommagé. J'avais tort. Elle récupéra totalement en l'espace de trois jours.

Avant de poursuivre ce récit, je voudrais apporter une précision sur ma pratique. A l'école de médecine, on m'a appris qu'il faut toujours poser des questions ouvertes et éviter celles qui ne permettent de répondre que par oui ou non. C'est mon gros handicap ! Mon associé voit jusqu'à cinquante patients par jour, moi pas. Cela m'est impossible car j'ai besoin de tout savoir de mes patients, et je prends tout le temps nécessaire.

Dans le cas de la petite fille, je continuai de la suivre après sa sortie d'hôpital. Je lui demandai : « Dis-moi ce qui s'est passé dans la piscine. » Je voulais savoir si elle avait eu une crise d'épilepsie, si quelqu'un l'avait frappée sur la tête, bref, pourquoi elle avait failli se noyer. Au lieu de cela, elle me demanda : « Vous voulez dire quand je suis allée m'asseoir sur les genoux du Père des cieux ? »

Eh bien, me dis-je ! Je l'encourageai à poursuivre : « C'est intéressant. Parle-moi un peu plus de ça. » Est-il besoin de le préciser ? J'étais vraiment abasourdi par ce que j'entendais.

Ce que m'a raconté cette enfant de sept ans était aussi précis qu'ahurissant. Elle était allée dans un endroit très sombre ; elle ne savait pas où elle était ni comment elle y était arrivée. Elle ne pouvait pas parler. Apparemment, c'était comme un tunnel. Puis il y eut cette femme qui vint l'accueillir. Elle avait de longs cheveux dorés et s'appelait Elisabeth.

Elle la prit par la main et le tunnel devint encore plus sombre. La petite fille s'aperçut alors qu'elle pouvait marcher. Elles marchèrent ensemble jusqu'à un endroit qui lui parut être le ciel.

Elle ajouta qu'il y avait une frontière dans cet endroit. C'était comme un cercle au-delà duquel elle ne pouvait pas voir parce que la frontière était pleine de fleurs.

Pour tester son sens de la réalité, je lui demandai : « Que veut dire "mourir" ? » Elle me répondit : « Vous verrez. C'est bien, le ciel. » Je n'ai jamais oublié cette petite phrase parce qu'elle a été dite avec tant de confiance ! Elle m'a regardé droit dans les yeux et elle m'a dit : « Vous verrez. »

Je lui ai quand même reposé la même question : « Que veut dire "mourir" ? » Cette fois, elle dit : « Vous savez, ce qui m'est arrivé, ce n'est pas vraiment la mort, parce que quand on meurt on est dans une boîte sous la terre. »

Je lui ai demandé si son aventure était un rêve. « Non, dit-elle, ça m'est arrivé pour de vrai. Mais ce n'était pas la mort. La mort, c'est quand on vous met dans une boîte sous la terre. »

Cette réponse était parfaite car tout à fait en accord avec la perception de la mort qu'ont les enfants de cet âge.

Puis elle me raconta qu'elle avait rencontré Jésus et qu'il l'avait emmenée voir le Père céleste. Le Père céleste lui avait dit quelque chose comme : « Normalement, tu ne devrais pas être ici. Est-ce que tu veux rester ou repartir ? » Elle dit qu'elle voulait rester. Il lui redemanda alors d'une autre façon : « Aimerais-tu être avec ta maman ? » Elle répondit oui et se réveilla.

A son réveil, elle demanda aux infirmières où étaient ses amis. Ce furent ses premiers mots : « Où est un tel et un tel ? » C'étaient les gens qu'elle avait rencontrés au ciel. Et, bien sûr, le personnel de l'hôpital ne comprenait pas ce qu'elle voulait dire.

J'ai interrogé les infirmières et elles m'ont confirmé ce récit de point en point. En se réveillant, elle avait bien demandé à voir des gens qui n'appartenaient ni à sa famille ni à son groupe d'amis, et dont personne ne semblait savoir quoi que ce soit. Puis elle retomba dans l'inconscience. En fait, elle n'avait plus reparlé de cet épisode jusqu'à ce que je la revoie pour le contrôle.

C'était une expérience si forte que je me sentis très intéressé. Je décidai de rédiger une communication pour informer mes confrères puisque je ne pouvais trouver une seule description d'une pareille expérience chez un enfant de cet âge. J'interrogeai soigneusement son entourage sur ses croyances religieuses. Je demandai ce qu'on lui avait appris sur la mort. J'essayai de savoir si son récit pouvait être d'origine purement culturelle.

Or, j'en suis bien certain, ce n'était pas du tout le cas. Cela peut paraître d'origine culturelle à première vue mais quand on se donnait la peine d'enquêter sur la façon dont on lui avait présenté la mort et l'au-delà, l'hypothèse ne tenait pas.

On lui avait expliqué que la mort est comme un bateau. Quand vous mourez, vous allez dans un petit voilier et vous traversez la mer pour aller dans un autre pays. Il n'était absolument pas question d'ange gardien ou de personnes chargées de vous emmener au ciel, ou de décisions à prendre sur le fait de rester ou de repartir. Aucun des éléments de son expérience ne coïncidait avec les enseignements de sa famille.

Pourtant, nombre de mes collègues insistèrent sur le fait que le contexte culturel devait jouer un rôle important, compte tenu de la profonde piété de sa famille. Je décidai d'étudier la chose de plus près.

Je travaillais pour une organisation de l'Idaho appelée Airlift Northwest. Nous intervenions quand il y avait un malade à amener à l'hôpital par transport aérien. Cela me donnait l'occasion d'être en contact avec des dizaines d'enfants en réanimation tous les jours.

Je demandai au responsable d'Airlift si je pouvais étudier la NDE de façon informelle. Il me donna son accord. J'ai ainsi pu interroger chacun des enfants ayant survécu à un arrêt cardiaque qui sont passés par cet hôpital pendant dix ans. Il me fallut ensuite trois ans pour exploiter mes données, après m'être replongé dans des centaines de dossiers.

Aucun adolescent de plus de dix-huit ans n'a été pris en compte dans ce travail. J'ai interrogé tous ceux qui avaient survécu à un arrêt cardiaque, ceux qui n'atteignaient plus que quatre points ou moins sur l'échelle de mesure du coma de Glasgow (Glasgow Coma Score), et ceux qui étaient atteints d'une maladie en principe mortelle.

Au cours de cette période, j'ai lu tout ce que je pouvais trouver sur la dépersonnalisation temporaire, théorie d'après laquelle le cerveau fonctionne de façon aberrante face à une situation critique. Je l'ai fait parce que l'un de mes confrères pensait que cela rendrait compte de la NDE. J'ai donc lu des descriptions d'épisodes de dépersonnalisation, mais je ne leur ai pas trouvé de ressemblance avec la NDE.

Ensuite, j'ai étudié les effets de tous les médicaments que l'on aurait pu administrer à mes patients. J'ai lu des rapports sur le sujet mais, là non plus, cela ne ressemblait pas à la NDE. Je voulais toutefois m'en assurer par moi-même.

J'avais, parmi mes patients, toute une série de malades qui, s'ils n'étaient pas mourants, se trouvaient néanmoins dans un état très grave. Si quelqu'un devait avoir une NDE pour l'une ou l'autre de ces raisons — narcotiques, drogues ou dépersonnalisation —, c'était bien l'un d'eux.

Je sélectionnai délibérément quelques cas très graves, dont une femme qui était paralysée de la tête aux pieds depuis quatre mois. Elle souffrait tellement qu'on essayait tous les narcotiques et toutes les drogues susceptibles d'avoir une action sur le cerveau : Thorazine, Valium, Demerol, morphine, perfusions de morphine... On la traitait aussi par hypnose active où elle apprenait à se visualiser hors de son corps. Je ne pouvais imaginer un meilleur cas de contrôle. Si elle n'avait jamais eu une sorte de NDE liée à un épisode de dépersonnalisation, personne n'en aurait jamais !

Eh bien, elle n'avait rien eu ! Aucun des sujets de mon groupe de contrôle n'avait jamais eu d'expérience du type NDE. Ils n'avaient d'ailleurs jamais eu d'expériences du tout ! Ils me disaient tous la même chose : « J'ai fait des rêves où il y a des médecins qui viennent vers moi avec des seringues. » Ou bien : « J'ai fait des cauchemars avec des monstres. » Mais aucun n'a parlé de ce que nous appelons NDE.

Les sujets de l'autre groupe — celui des gens qui avaient failli mourir — avaient tous eu une NDE. Tous ! Ils avaient suivi un tunnel, avaient vu leur corps depuis un point extérieur à ce corps, et rencontré des Êtres de Lumière. Et leurs expériences présentaient toutes des ressemblances confondantes.

D'une façon ou d'une autre, il y avait toujours une lumière dans ces cas. L'une de ces personnes présentait un cas encore plus fascinant que les autres : d'après son père, elle avait brillé, elle était devenue elle-même luminescente. Il avait dû descendre à douze mètres en plongée libre pour la sauver. Il n'avait pu la retrouver que grâce à la lumière blanche qui l'environnait.

Un autre patient me dit qu'il n'avait pas vu de tunnel ou de lumière — mais son propre corps éclairé par la lumière. Il était dans un monde de ténèbres, dans le coin du plafond, et il voyait sous lui son propre corps baigné dans une douce lumière blanche. Puis il avait été aspiré dans son corps quand on lui avait fait les électrochocs de réanimation. Il n'avait pas ressenti d'émotions particulières. Il n'était ni triste ni heureux. C'était arrivé, c'est tout.

La plupart des enfants que j'ai interrogés ne pensaient pas que c'était l'événement le plus fort de leur vie, ce qui me paraissait plein de réalisme. Ils le prenaient comme un simple fait : c'est ce qui arrive quand on meurt.

De ce travail avec les enfants, j'ai tiré quelques conclusions :

— Je sais que cela peut paraître tout à fait antiscientifique, mais je suis convaincu que pratiquement tous les gens qui sont réanimés après un arrêt du cœur vivent un épisode du type NDE, qu'il s'agisse d'une simple sortie du corps ou de l'expérience complète. S'ils ne s'en souviennent pas, c'est peut-être que les médicaments qu'on leur donne entraînent une amnésie, comme le Valium. J'en suis venu à cette conclusion parce que les cas où j'ai rencontré les NDE les plus fortes sont ceux où les patients avaient pris le moins de médicaments. Si l'on y réfléchit, cela se comprend. Après tout, un patient qui se trouve dans les brumes de la morphine a certainement moins de chances de se souvenir d'une expérience que celui dont la mémoire n'est pas altérée par des drogues.

— A l'École de médecine, on nous apprend à chercher l'explication la plus simple aux problèmes médicaux. Après avoir étudié toutes les explications habituellement avancées, je pense que l'explication la plus simple consiste à reconnaître que la NDE offre réellement un aperçu de l'au-delà. Pourquoi pas ? J'ai lu toutes ces explications psychologiques et physiologiques si compliquées, sans les trouver satisfaisantes.

Qui sait — qui sait réellement — si les âmes des gens en NDE ne quittent pas vraiment le corps physique pour voyager vers un autre royaume.

J'ai scruté les témoignages disponibles et je ne vois pas pourquoi ce ne serait pas vrai.

Dr Michael Sabom

Le Dr Michael Sabom était sceptique la première fois qu'il entendit parler de la NDE. Puis son intérêt s'éveilla et il décida de mener une étude qui est devenue une référence pour toute recherche sur la NDE. Il a étudié les NDE de cent seize personnes, divisant leurs expériences en trois catégories : autoscopique (sortie du corps), transcendantale (arrivée dans un « royaume spirituel ») et expérience combinée, qui présente à la fois des traits de l'expérience transcendantale et de l'autoscopie.

L'aspect le plus intéressant du travail de Sabom est peut-être son étude approfondie de l'expérience hors du corps. Dans une telle expérience, le sujet affirme avoir quitté son corps et assisté à sa propre réanimation par les médecins, dans la salle des urgences ou au cours d'une intervention chirurgicale. Sabom avait trente-deux patients dans cette catégorie.

Il a comparé les descriptions données par ces sujets avec les « déductions savantes » de vingt-cinq patients en principe bien informés du déroulement d'une réanimation cardiaque. Il voulait savoir ce que sait le patient moyen « bien informé sur le plan médical » et ce que dit celui qui a eu une expérience hors du corps.

Il a découvert que vingt-trois des vingt-cinq personnes du groupe de contrôle commettaient des erreurs majeures dans leur description des procédures de réanimation. En revanche, aucun des sujets de NDE ne commit d'erreur en décrivant ce qui était arrivé pendant sa réanimation. Il y a là une forte preuve que ces gens étaient réellement à l'extérieur de leur corps et le regardaient.

J'ai rencontré Sabom à Atlanta où il a ouvert son cabinet de cardiologie. Il m'a dit : « Je suis profondément chrétien et, pour moi, l'existence de l'au-delà fait partie des croyances chrétiennes fondamentales. Je ne pense pas qu'il faille faire du sensationnel avec tout cela, comme c'est arrivé dans certains cas. Au contraire, il faudrait considérer que cela fait normalement partie des processus de vie et de mort. Si les gens voyaient la NDE dans cette optique, cela ne leur paraîtrait plus aussi bizarre. »

Voici, dans ses propres termes, comment il a commencé à s'intéresser à la NDE et en a fait une étude importante. Tout cela a été raconté dans son livre, *Souvenirs de la Mort*.

En 1978, j'étais à Gainsville, en Floride. J'entendis parler de *La Vie après la vie* par Sarah Kreutziger, une assistante sociale en psychiatrie, qui présenta le livre dans une classe de l'école du dimanche. A la fin, elle me demanda ce que j'en pensais. Je répondis que, à mon avis, c'était ridicule. Mes malades ne m'avaient jamais parlé de ce genre d'expériences. De retour à l'hôpital, je demandai à mes confrères s'ils en avaient entendu parler, mais ils ne purent me répondre que par la négative.

Pourtant, Sarah m'avait donné envie de lire ce livre, et je le fis. Je le trouvai très divertissant mais, pour dire la vérité, je ne pensais pas qu'il y avait grand-chose de réel dans ces histoires.

On avait demandé à Sarah de présenter le livre à l'église devant l'ensemble des fidèles ; il nous parut intéressant de le faire ensemble. Pour cela, nous décidâmes d'essayer de trouver quelques personnes qui auraient eu cette expérience. Je posai la question à plusieurs de mes patients sans avoir l'air d'y attacher d'importance : à ma grande surprise, je découvris qu'ils étaient très nombreux à avoir vécu une NDE ! Je fus encore plus abasourdi que cela puisse arriver juste sous notre nez à des gens que nous soignions. Et nous n'en savions rien !

Cela nous intrigua tellement, Sarah et moi, que nous décidâmes d'entreprendre une étude sur les NDE. Nous commençâmes à interroger les gens qui avaient eu des arrêts cardiaques ou s'étaient trouvés dans d'autres situations critiques, pour savoir quelle était la fréquence de la NDE, les catégories de gens qui en avaient une, dans quelles circonstances cela s'était produit, etc.

Notre enquête dura cinq ans et nous permit d'interroger cent vingt personnes. Cela me fournit les matériaux de base de mon livre.

Il faut bien comprendre que j'avais entrepris ce travail avec le plus grand scepticisme. Mon bagage culturel est très traditionnel. C'était vraiment la première fois que je me trouvais impliqué dans quelque chose qui sortait de la formation médicale traditionnelle.

Cette étude sur la NDE m'a donné l'occasion de rompre avec certains a priori. Ma formation m'avait fait me concentrer sur la dimension physique de l'être humain, pas sur sa dimension spirituelle.

L'aspect de la NDE qui m'intéressa le plus fut l'expérience autoscopique, ou hors du corps. Les gens qui en avaient une paraissaient réellement capables de voir avec précision ce qui se passait, d'une façon paranormale.

Le cas déterminant pour moi fut celui d'un vétéran du Viêt-nam qui travaillait à l'hôpital des Vétérans d'Atlanta, comme moi. Son expérience se produisit après un combat.

Il avait été grièvement blessé et eut une expérience hors du corps sur le champ de bataille même. Il regardait son corps quand les Viêt-congs arrivèrent sur les lieux et il les observa tandis qu'ils le dépouillaient de tout, sa montre, son arme et même ses chaussures.

Il assista à toute la scène d'une certaine hauteur ; ensuite, il vit de la même façon les Américains revenir vers la fin de l'après-midi, mettre son corps dans un sac, le charger sur un camion et l'emporter à la morgue pour être embaumé.

Il vit l'embaumeur pratiquer une incision au niveau de la veine fémorale gauche pour injecter le liquide d'embaumement. A la grande surprise de l'embaumeur, le sang se mit à jaillir en trop grande quantité pour un mort.

Il appela les médecins qui déclarèrent qu'il était toujours vivant. Ils l'examinèrent donc et l'emportèrent en salle d'opération où on l'amputa d'un bras.

Ce soldat a vu tout ce qui s'est passé !

J'avais entendu dire qu'il avait été blessé au Viêt-nam, mais pas qu'il avait vécu une pareille expérience. Je lui parlais simplement du Viêt-nam quand il me raconta son aventure hors du corps.

Sur un certain plan, je le croyais mais, en tant que scientifique, j'avais besoin de preuves ! « Me permettez-vous de regarder votre aine gauche ? » lui demandai-je. J'y découvris une petite cicatrice de quelques centimètres au niveau de la veine fémorale. Je fus convaincu que sa fantastique histoire était vraie, qu'il était bien passé à la morgue.

Plusieurs personnes ont pensé qu'il était mort en le trouvant sur le champ de bataille. Pourtant, il était toujours conscient, mais à un autre niveau d'expérience. Pendant tout le temps que cela dura, il ne se sentit pas épouvanté ni souffrant, mais calme et en paix. Je trouve cela très réconfortant.

J'y pense quand je m'occupe de patients comateux : ne sont-ils pas quelque part en train de me regarder ?

Quoi qu'il en soit, ce soldat était convaincant, mais je ne prétends pas avoir été aussitôt totalement sûr que tout ce qu'il avait décrit lui était bien arrivé. Il me fallut rencontrer beaucoup de gens qui avaient vécu une NDE avant de le croire complètement. En effet, quand je m'aperçus qu'ils me rapportaient tous la même histoire, à quelques détails près, je voulus savoir ce qu'ils connaissaient de la NDE, par ouï-dire, par la lecture ou en ayant discuté avec une autre personne après avoir été réanimés.

La première chose qui me vint à l'esprit fut de leur demander s'ils avaient lu *La Vie après la vie* de Moody. Non, ils ne l'avaient pas lu. La plupart de mes patients étaient du nord de la Floride. Ils étaient peu touchés par les médias et les journaux à grand tirage. Il leur arrivait rarement de lire un livre, et de temps en temps seulement un journal. Pourtant, leurs récits se ressemblaient tous tellement que j'avais l'impression de les entendre se raconter une expérience tirée d'un film.

Au cours de mes recherches, on m'a cité plusieurs cas où une personne prenait conscience de la mort d'une autre personne au moment même de cette mort. Je n'ai pas inclus ces cas dans mon livre parce que je ne pensais pas que ces phénomènes télépathiques étaient liés à la NDE. Aujourd'hui, j'en suis nettement moins sûr. Plus j'en entends parler, plus je me demande si cela ne pourrait pas être une sorte d'expérience hors du corps.

Un exemple remarquable de ces phénomènes est arrivé à la mort d'un petit garçon de six ans. On lui administrait de la morphine par intraveineuse mais, après la première de ses trois visions, il n'en eut plus besoin : il ne souffrait plus.

Au cours de sa première vision, il vit un cheval

blanc et une sphère céleste où il se rendit. Là, il parla avec Dieu.

Au cours de sa deuxième vision, il entra en contact télépathique avec sa grand-mère, clouée au lit depuis de nombreuses années par une arthrite grave. Je sais que cela s'est réellement produit car le garçon eut sa vision à quatre heures de l'après-midi, c'est-à-dire à l'heure où sa grand-mère se réveilla et insista auprès de sa garde-malade pour qu'elle l'amène au chevet de son petit-fils à l'hôpital. Quand elle arriva, il était aux prises avec sa troisième vision et pratiquement incohérent. Il mourut peu après.

Je sais que tout cela paraît sortir d'un magazine à sensation. Pourtant, cette histoire, comme les autres, a été soigneusement vérifiée.

Au bout d'un certain temps d'enquête, les faits devinrent si écrasants qu'il me fut impossible de nier plus longuement la réalité de la NDE. Encore aujourd'hui, quand j'y pense dans le cadre de pensée habituel, je me dis que j'ai construit sur rien ! Alors, je relis quelques-unes de mes enquêtes et je reprends conscience qu'il y a réellement quelque chose dans tout cela.

Malheureusement, la plupart des gens qui contrôlent le monde de l'édition médicale ne partagent pas cette opinion. Ils affichent le plus grand négativisme à l'égard de la NDE parce que c'est un peu en dehors des sentiers battus.

Il est très regrettable que l'édition médicale ne nous permette pas de prendre connaissance des informations d'autres médecins sur la NDE, surtout en cet âge de haute technologie où tant de gens survivent à des états qui les auraient normalement tués. Ce qui était catalogué autrefois comme une « vision de mourant » est devenu une NDE chez un patient qui a besoin d'être conseillé sur cette remarquable expérience. Si les médecins ne savent pas ce que cela signifie, le patient est floué !

Michael Grosso

Michael Grosso est un philosophe, ce qui lui donne une place particulière parmi les chercheurs dans le domaine de la NDE. Au lieu d'avoir accumulé des données empiriques comme la plupart de ses confrères scientifiques, Grosso cherche les liens entre la NDE et les grandes vérités philosophiques. Et il les trouve. Comme on le lira ci-dessous, Michael Grosso a relevé de fortes liaisons entre la NDE et les enseignements des grands philosophes, de Platon au Christ.

Mais il ne s'est pas contenté de cela. Quand je l'ai rencontré chez lui, à Riverdale dans l'État de New York, j'ai été intrigué. Il pense que la NDE est liée à beaucoup d'autres phénomènes parapsychologiques comme la médiumnité. Il m'a dit : « Il y a beaucoup de portes d'accès au spirituel, et la plupart d'entre elles sont plus faciles à franchir que de frôler la mort. »

Pour Michael Grosso, la NDE est un aperçu sur une religion non confessionnelle, « la religion telle que Dieu l'a conçue ». Voici ce qu'il dit lui-même sur la question.

Il y a, dans Platon, un mythe merveilleux appelé le « mythe de la vraie Terre ». C'est Socrate qui le raconte, dans sa prison, avant de boire le poison auquel on l'a condamné pour avoir « corrompu » la jeunesse d'Athènes.

Il parle à ses disciples de l'état de la « vraie Terre » et de l'esprit quand il est libéré du corps.

Dans ce mythe, il dit :

> Mais ceux qui sont jugés pour avoir vécu une vie d'une extrême sainteté, ce sont ceux qui sont libérés et libres de toute limitation dans ces régions de la Terre, montant vers leur pure demeure, faisant leur habitation sur la surface de la Terre. Et parmi eux, ceux qui se

sont suffisamment purifiés par la philosophie vivent après sans corps, et parviennent dans des habitations encore plus belles, ce qui n'est pas facile à décrire.

Le point le plus intéressant de ce récit rapporté par Platon est que, dans cet état supérieur sur la vraie Terre, les êtres humains sont en communication directe avec les dieux.

C'est exactement de cette façon que j'ai vécu les récits de NDE que j'ai écoutés pour mes recherches. Je crois que ces gens ont communiqué avec « les dieux » à l'occasion de leur NDE. A cause de cela, nous avons beaucoup à apprendre d'eux.

A l'époque où je préparais mon doctorat de philosophie, il m'est arrivé plusieurs aventures extraordinaires. J'ai vu un OVNI (Objet volant non identifié), ce qui m'a, en quelque sorte, ouvert l'imagination.

Ensuite, je me suis mis à lire des ouvrages de parapsychologie et, quelques années plus tard, j'ai buté sur la NDE. Et je me suis soudain retrouvé en train de faire des recherches sur les preuves de la vie après la mort.

Ce qui m'a particulièrement fasciné dans la NDE, c'est que ces gens donnaient vraiment l'impression d'avoir fait un tour sur cette Vraie Terre dont parle Platon. En outre, il s'agissait d'expériences vécues, pas symboliques. Les gens faisaient donc, au XXe siècle, des expériences qui semblaient concorder avec la vision de Platon. Cela m'aiguillonnait sérieusement l'esprit.

Je cherchai donc à rencontrer ces gens. Je pensais que la plupart refuseraient de parler, mais je découvris bientôt que, au contraire, ils avaient terriblement besoin d'une oreille attentive. Ils commençaient toujours par me déclarer : « Vous savez, en général, je n'en parle pas. » Puis ils me racontaient leur extraordinaire aventure.

La plupart du temps, je me sentais passionné. C'était comme d'écouter le récit d'un voyage dans un autre pays, un pays dont j'avais eu peur tout en sachant que, un jour, je devrais moi-même y aller.

Par exemple, cette femme qui eut un arrêt cardiaque au cours d'un accouchement très difficile. Les médecins s'occupèrent immédiatement de la réanimer tandis que son mari — présent dans la salle d'accouchement — se laissait aller à une panique complète. Il était dans un tel état que l'équipe médicale s'en occupa comme d'un deuxième malade !

Le cœur de la femme repartit et le bébé naquit par césarienne.

Tard dans la soirée, elle raconta à son mari qu'elle avait quitté son corps et qu'elle avait vu depuis le plafond tout ce qui s'était passé dans la salle d'accouchement. Elle était encore « groggy », mais lui dit ce qu'elle avait vu, y compris comment il avait paniqué et s'était écroulé dans un coin de la pièce !

Un autre sujet m'a décrit en termes très vivants une expérience très forte, qui allait de la sortie du corps à la revue de toute sa vie.

Toutefois, dans ce cas, ce n'est pas tant la NDE qui l'avait impressionné que ses conséquences. Il était stupéfait de voir se développer sa sensibilité. Avant, il avait l'esprit rigide et se réclamait toujours de la logique. Il se découvrait plus souple et plus imaginatif.

En général, je réagissais de façon intellectuelle en ce sens que je voyais des liens avec un tas d'autres choses, avec le *Livre des morts tibétain,* avec la vision de saint Paul sur le chemin de Damas, entre autres exemples. Je ne pouvais écouter ces gens sans que me viennent à l'esprit mille réminiscences de mes études.

Par exemple, il y a une merveilleuse histoire à propos de saint Thomas d'Aquin, philosophe et théologien du XIe siècle. Il écrivit de gros volumes presque jusqu'à la fin de sa vie. Puis, un jour, il eut une vision de la lumière après laquelle il dit : « Tout ce que j'ai écrit n'est rien. » Il arrêta donc d'écrire et, moins d'un an plus tard, il mourut paisiblement et d'une façon mystérieuse.

Après avoir entendu tous ces récits, j'avais la sensation que ces gens ordinaires, peu instruits, ignorants de la philosophie et du mysticisme, me communiquaient un aperçu d'un état d'être dont j'avais jusque-là seulement entendu parler par d'autres sources comme les mystiques, les philosophes et les poètes. En un sens, c'étaient de nouvelles pièces du puzzle : je ressentais toute l'excitation que l'on éprouve en commençant à voir se dessiner le motif du puzzle.

Parfois, je me demande si ce qu'a dit un des grands sages de l'Inde n'est pas vrai. D'après lui, le simple fait d'être en présence d'un être très évolué ébranle l'esprit d'un être moins évolué — un peu comme une imposition des mains. Parfois, je me demande si ce n'est pas la force de ces récits, si en écoutant ces gens, en étant à leur contact, nous ne sommes pas au contact d'une sorte d'influx énergétique.

Je pense aussi que c'est réellement une énergie divine. Je crois, comme beaucoup d'autres, que la NDE est une incursion dans une dimension divine de l'être humain qui existe à l'état latent en chacun de nous. D'autres chercheurs ont suggéré qu'il existe d'autres moyens d'entrer en contact avec cette dimension de la conscience. Si l'on utilise le modèle de la connaissance élaboré par Platon — que la connaissance consiste à se souvenir de choses que nous connaissons déjà — alors, cette prise de conscience spirituelle existe déjà en nous, à l'état latent.

Je me demande donc si la raison de ce profond intérêt pour la NDE ne vient pas du fait que d'écouter les gens réveille un souvenir profondément enfoui dans notre mémoire. C'est une sorte de retour chez soi. Les récits de NDE sont comme des échos qui résonnent quelque part à l'intérieur de nous, si bien que nous désirons écouter encore des histoires capables de nous éveiller un peu plus.

En même temps que je me posais ces questions, d'autres me venaient à l'esprit. Comment pouvons-nous analyser ces expériences ? Sont-ce des illusions, des fantasmes ? Je crois que celles qui m'ont le plus impressionné sont celles où figure une expérience hors du corps vérifiable. Quand ces récits sont exacts, on ne peut pas les nier !

Dans l'ensemble, les NDE sont des événements positifs qui transforment les gens de façon positive. On connaît toutefois quelques cas de NDE négatives. J'ai toujours pensé qu'il fallait prendre ces dernières très au sérieux, en se demandant pourquoi il n'y en avait pas plus. En général, elles ont des effets positifs sur la vie des gens, comme les NDE « paradisiaques », mais quand elles se produisent, elles peuvent être terrifiantes.

Je voudrais citer ici un cas très étonnant, celui d'un jeune homme qui avait tenté de se suicider. C'était plutôt un bon à rien qui n'avait pas fait grand-chose jusque-là. A la suite d'une overdose, il fit l'expérience de se trouver à deux niveaux de conscience différents. Au premier niveau, il éprouva de la souffrance physique, avec un sentiment de malaise et d'horreur quand il commença à glisser vers la mort. Il eut un arrêt cardiaque en présence de ses amis et devint bleu.

Par chance, ils réussirent à appeler une équipe de secours médical qui entreprit de le réanimer. Après être entré dans la phase critique, il vécut la NDE la plus cauchemardesque que j'aie jamais entendue.

Il m'a décrit des êtres horribles qui s'agrippaient à lui et le griffaient. C'était comme s'il était descendu dans l'Enfer de Dante. Il eut une NDE claustrophobique, hostile, terrifiante, sans le moindre élément positif. Pas d'expérience hors du corps, pas d'Être de Lumière, rien de beau ni de réjouissant.

Pourtant, cette expérience l'a totalement transformé. C'était devenu quelqu'un d'autre, et je m'en rendais bien compte. Il y avait en lui quelque chose de clair, de sain, la sensation qu'il s'assumait. Ce n'était pas quelqu'un d'exceptionnellement doué ou ambitieux, mais il se sentait tellement sûr de savoir où il allait dans la vie qu'il en devenait remarquable.

Il y a un détail curieux à ajouter à ce récit. J'étais très content d'avoir pu enregistrer le compte rendu détaillé de cette NDE infernale. Mais quand le narrateur se tut, je rembobinai la bande pour la réécouter... rien ! Tout était effacé. J'utilisais ce magnétophone depuis plus de dix ans et il n'avait jamais eu de panne. Il n'en a d'ailleurs jamais eu depuis ce jour-là. Simplement, quand j'ai voulu réécouter ce récit précis, tout était effacé.

Je n'ai aucune explication pour cet incident. Sans doute une simple coïncidence et, à coup sûr, une note curieuse.

L'étude de la NDE m'a transformé de deux façons. D'abord, je me sens plus proche de la vie, ce qui est très libérateur. Ensuite, la NDE permet de faire une incursion dans bien des domaines associés à l'expérience religieuse.

Curieusement, quand j'en ai assez de tout cela, je m'aperçois que j'y suis ramené sans cesse parce que cela touche à de nombreux aspects de ma vie.

Les questions religieuses signifient aussi beaucoup de choses pour les gens qui ont une NDE. Il est paradoxal que la plupart de ces gens puissent dire que le meilleur moment de leur vie, c'est celui où ils ont failli mourir. Cela rappelle Euripide qui disait : « Qui vous dit que les vivants ne sont pas morts et les morts, vivants ? » Dans les deux cas, on constate un renversement de ce qui est couramment admis. Je trouve cela très intéressant mais, dans l'ensemble, les gens se sentent perturbés ou perdus devant ce genre de situation. J'y vois quelque chose de surréaliste, or j'ai toujours admiré les surréalistes. En un sens, ces expériences nous montrent que notre perception habituelle du monde peut être, d'une certaine façon, imparfaite.

On a tenté d'assimiler la NDE à un mécanisme biologique qui se déclencherait à l'approche de la mort. Je n'accepte pas cette explication car je ne vois pas quel bénéfice l'organisme humain pourrait tirer d'une pareille expérience quand le processus de la mort est engagé. Il m'est difficile de l'imaginer en tant que fonction biologique parce que c'est un paradoxe. Quel bien cela ferait-il au corps d'évoluer de cette façon ?

L'évolution spirituelle est une autre histoire. Comme l'a dit un philosophe : « Le génie, c'est ce qui se produit quand vous êtes dos au mur ! » En tant que société, nous avons indéniablement le dos au mur — un mur nucléaire. Si on y pense, on se rend compte que, biologiquement, nous ne survivrons pas longtemps, à moins d'une évolution spirituelle, ou d'une dé-évolution. Je pense en effet que nous sommes en train de retourner à la connaissance spirituelle qui est en nous.

On peut même penser que, dans ce processus de l'évolution, si difficile à comprendre, c'est le développement de cette technologie autodestructrice qui va stimuler le réveil spirituel. Peut-être l'évolution spirituelle est-elle ce qui se produit quand, en tant qu'espèce, nous n'avons plus d'issue.

A mon avis, c'est le risque de l'autodestruction

massive, rendue possible par nos armes incroyablement perfectionnées, qui impose la généralisation actuelle du phénomène psychique.

La NDE est un phénomène parmi tous ceux qui ont émergé au fur et à mesure que s'accélérait notre développement intellectuel et technologique.

Tous ces phénomènes spirituels présentent des traits communs. Il est très intéressant de rapprocher certaines NDE profondes et les NDE prophétiques (voir au chapitre 1er : la prémonition), par exemple. Il y a également des recoupements troublants entre les cas de contacts avec des OVNIS et ces cas étonnants de visions collectives que l'on appelle apparitions mariales. Dans ces apparitions, la Vierge Marie devient visible sur un mur ou d'autres surfaces citadines.

J'ai le sentiment qu'il existe une corrélation fondamentale entre ces phénomènes, tous sont des manifestations d'une transformation collective de la conscience. Cette transformation est une réponse à la possibilité d'être annihilés par une guerre nucléaire.

Il n'est pas indifférent de noter que le phénomène OVNI est apparu en 1947, peu d'années après l'utilisation de la première bombe atomique. En même temps, les apparitions mariales se sont brusquement multipliées dans le monde entier.

Je pense aussi que le phénomène dit « médiumnique », où les gens parlent avec les morts, est un des aspects du processus d'ouverture. En fait, on peut dire que la médiumnité est un moyen d'accès « doux » à la NDE, une façon de s'ouvrir sans risquer sa vie au même niveau de conscience que dans la NDE. Je pense que les gens qui vivent ces expériences de toutes sortes passent tous la même porte, mais chacun à sa façon.

Cette façon de penser n'a pas compromis ma réputation parmi mes collègues de l'université ; elle ne l'a pas non plus améliorée ! Quelques-uns des professeurs du Jersey City State College où j'enseigne ont voulu discuter ces phénomènes, mais ils ont tous montré la même hostilité.

Les universitaires tendent à juger l'étude de ces événements rétrograde, superstitieuse et irrationnelle. Je suppose que je dois être reconnaissant à mes collègues enseignants de leur neutralité polie.

Kenneth Ring

J'ai souvent dit que c'est Kenneth Ring qui a légitimé mon travail. Comme mon premier livre reposait sur les « histoires » de NDE de dizaines de gens, histoires qui m'avaient permis de dégager certains modèles, il fut amplement critiqué par la communauté médicale. Ils estimaient que j'avais approché mon sujet de façon trop journalistique et insuffisamment scientifique. Heureusement, Ring prit la relève en ce sens.

Il avait rencontré le phénomène pendant ses études de psychologie. Ce n'est toutefois qu'après avoir lu *La Vie après la vie*, en 1977, qu'il s'y intéressa suffisamment pour en entreprendre l'étude systématique.

Ring examina en détail les récits de cent deux sujets et montra que l'appartenance religieuse n'entre pas plus en ligne de compte dans le caractère de la NDE que la race. C'était également vrai quant à l'âge du sujet. Ring confirma par ailleurs ce que j'avais écrit sur l'aspect extrêmement positif de la NDE, sur la transformation des sujets par la NDE.

Quiconque se livre à une recherche sérieuse sur la NDE se réfère au travail de Ring. Comme on l'a vu au chapitre 1er, sa méthode d'enquête et son questionnaire ont été adoptés par tous les chercheurs en ce domaine. Les résultats de ses propres travaux sont consignés dans un livre, *Sur la frontière de la vie*. Voici l'histoire de Kenneth Ring par lui-même.

Il m'a suffi d'entendre un seul récit de NDE pour me sentir « accroché » pour le reste de ma vie ! C'était en 1977, après avoir suffisamment lu sur la question pour me lancer dans ma propre enquête. Mais ce premier récit était tout ce dont j'avais besoin pour me décider : je voulais en entendre d'autres, beaucoup d'autres.

La première histoire que j'entendis fut celle d'une femme qui avait souffert d'une brutale chute de tension pendant un accouchement. A ce moment-là, dit-elle, tout devint brusquement noir. Quand elle « reprit conscience », elle se trouvait en l'air, dans le coin de la salle d'accouchement et regardait les médecins qui s'occupaient de la réanimer et de faire naître le bébé.

Il n'y eut pas de tunnel ou d'Êtres de Lumière, mais des pensées qui surgirent dans sa tête presque comme si quelqu'un lui parlait. On lui dit que tout irait bien et qu'elle devait retourner dans son corps. La voix dit aussi : « Maintenant que vous avez une idée de ce que c'est, vous devez repartir. »

La voix lui révéla que son bébé s'appellerait Peter (alors qu'elle et son mari avaient prévu de l'appeler Harold) et qu'il aurait des problèmes cardiaques que l'on soignerait à temps.

Tout cela arriva, comme la voix l'avait dit.

Cette histoire me passionnait. Je dois pourtant reconnaître que je ne me suis pas toujours intéressé à la NDE. En tant que psychologue, j'étais intéressé par les états de conscience modifiés ; c'était cela, au début, qui m'avait amené à lire des articles de la presse médicale sur ce sujet. Les expériences relatées par ces articles révélaient ce qui arrive aux gens qui parviennent au seuil de la mort. Après cela, j'avais lu quelques ouvrages de parapsychologie, puis *La Vie après la vie*. Et c'est alors que je fus passionné. Je me souviens d'avoir éprouvé une sorte de frisson électrique en lisant ce livre. Je commençai même aussitôt à noter des idées et des projets de recherche dans les marges. La pensée qui me vint immédiatement à l'esprit fut : « Voilà ce que je veux faire. »

Je bâtis donc un projet de recherche susceptible de répondre aux questions que je me posais :

— Combien de gens connaissent les cinq stades habituels de la NDE (sentiment de paix, séparation d'avec le corps, entrée dans les ténèbres, lumière, entrée dans la lumière).

— L'appartenance religieuse a-t-elle un effet sur la NDE ?

— Quelles sont les conséquences de la NDE ? Rend-elle vraiment les gens moins craintifs devant la mort et plus enthousiastes devant la vie ?

Je voulais répondre à ces questions mais, pour cela, il me fallait d'abord trouver des sujets, des gens qui étaient passés par une NDE. Je me rendis donc dans plusieurs hôpitaux du Connecticut et je présentai mon projet devant des commissions variées pour familiariser le personnel avec ce que je voulais faire.

Il me fallut beaucoup de temps pour convaincre de la légitimité de ma recherche les éléments les plus hostiles de ces équipes, hostiles au nom de la science pure et dure. Je finis pourtant par obtenir toutes les autorisations nécessaires. Les hôpitaux me fournirent même les coordonnées de gens qui avaient failli mourir, ou que l'on avait déclarés cliniquement morts. J'allai donc voir les médecins de ces gens pour avoir l'autorisation de leur parler.

Peu m'importait qu'ils aient eu une NDE ou pas puisqu'un de mes axes de recherche portait sur la fréquence de la NDE. En réalité, j'espérais rencontrer beaucoup de gens à qui c'était arrivé parce que j'avais très envie qu'on m'en parle de nouveau.

Je ne fus pas déçu : la deuxième personne que je rencontrai avait eu une NDE !

J'étais tellement excité que j'avais l'impression d'être assis sur de la dynamite. Et, depuis, cela ne m'a pas quitté, quel que soit le nombre de gens que j'aie déjà pu écouter.

Voici comment cela se passait en général. J'allais en voiture dans une ville ou l'autre de la Nouvelle-Angleterre pour rencontrer un sujet de NDE. La personne était alors sortie de l'hôpital. Je m'asseyais donc avec elle dans sa salle de séjour et je l'interrogeais. Puis je rentrais à Hartford en réécoutant l'enregistrement pendant le trajet de retour. J'étais tellement passionné par ces récits que je les réécoutais sans m'en lasser.

Je n'irais pas jusqu'à prétendre que je vivais une véritable expérience religieuse en écoutant ces histoires ; je dirais plutôt que le fait de côtoyer ces gens vous donne une sorte de « choc ». C'est assez proche de ce que l'on éprouve à écouter un voyageur qui revient d'un lointain pays où l'on a toujours rêvé d'aller soi-même. Ou bien du sentiment que donne le voisinage d'un cosmonaute ou d'un explorateur. Avec la NDE, on a ce genre de sensation, comme d'être au contact avec un plan spirituel plus élevé.

Ce qui est drôle, c'est que les gens interrogés et moi-même prenions autant de plaisir ! La plupart n'avaient jamais parlé à personne de leur expérience ou bien ne l'avaient fait qu'avec beaucoup de réticences, simplement parce qu'ils avaient besoin de se soulager l'esprit. D'habitude, on ne les comprenait pas et, quelquefois, on les ridiculisait même ouvertement.

Rencontrer quelqu'un de sincèrement intéressé comme je l'étais leur ôtait un grand poids. Ils pouvaient enfin se confier, sachant que je les comprenais. Ils avaient souvent autant de questions à me poser que j'en avais moi-même.

Certaines personnes voulaient savoir si elles étaient « spéciales ». D'autres, si elles étaient « cinglées ». Ces gens se demandaient aussi pourquoi ils se sentaient si différents après leur NDE et pourquoi leur famille ne pouvait partager avec eux leur aventure. Dans presque tous les cas dont j'ai eu connaissance, les gens voulaient simplement parler à quelqu'un d'ouvert, sans monter leur NDE en épingle.

Ils disaient presque toujours : « C'est l'expérience spirituelle la plus profonde et la plus secrète que j'aie jamais connue. » Je voulais bien les croire ! Il me suffisait de voir la lumière de leur regard pour comprendre que les mots restaient impuissants à exprimer la force de cette expérience. Ils éprouvaient visiblement le sentiment de partager quelque chose de très intime et sacré.

Mon excitation me rendait difficile de m'en tenir au cadre du questionnaire que j'avais préparé. Parfois, je m'en voulais d'être si émotif. Puis, je réalisai qu'en parlant avec ces gens je me trouvais relié à une source de connaissance spirituelle. A moins d'être de pierre, je ne pouvais pas ne pas m'ouvrir. Un exemple montrera mieux ce que je veux dire.

Voici le récit d'une NDE très intense vécue par une femme qui avait failli mourir au cours d'une intervention chirurgicale à l'abdomen :

> Je me souviens de m'être retrouvée au-dessus de mon lit — je me regardais, en dessous, étendue sur ce lit et je me disais : « Ne lésinez pas, faites tout ce qu'il faut. » Je sais que l'opération a duré plusieurs heures. Je me souviens d'abord de m'être trouvée au-dessus de mon

corps. Ensuite, je suis allée dans, disons une sorte de vallée. Et cette vallée me faisait penser à l'image que j'avais de la vallée de l'ombre de la mort. Je me rappelle aussi que c'était une très jolie vallée. Très agréable. Je me sentais très calme. J'ai rencontré quelqu'un dans cette vallée. Cette personne — je m'en suis rendu compte par la suite — était mon grand-père [décédé], que je n'avais jamais connu. Je me souviens de mon grand-père me disant : « Helen, n'abandonne pas ! On a encore besoin de toi. Je ne suis pas encore prêt pour t'accueillir. » C'était ce genre de chose. Et puis, je me souviens d'avoir entendu de la musique. Comme de la musique d'église, en un sens. De la musique spirituelle. Avec quelque chose de triste. Quelque chose de très impressionnant.

J'ai entendu des milliers de ces récits, mais je n'ai jamais réussi à y mettre un point final. Les gens viennent me voir, me disent : « Je sais que vous avez déjà entendu toutes les histoires dont vous aviez besoin, mais en voici une autre. » Et je retrouve aussitôt la même sensation d'excitation. Ce n'est pas une drogue, mais c'est quelque chose dont on ne se lasse pas.

Je me sens tellement intime avec ces gens que je fais quelque chose que les psychologues sont supposés ne pas faire avec leurs clients. Je les appelle mes « amis ». En fait, je suis resté en relation avec plusieurs des personnes que j'ai interrogées dans le cadre de mon enquête.

Je pense que cela s'est produit parce que nous avions partagé quelque chose que peu de gens comprennent. Un lien a ainsi été créé qui transcende la relation habituelle entre l'enquêteur et le sujet. De plus, ces gens sont très agréables à fréquenter et il me semblerait très dommage de ne les rencontrer qu'une seule fois. Je leur demande souvent s'ils aimeraient participer à l'un de mes cours ou à une émission de radio ou de télévision.

Bien sûr, la difficulté vient de ce qu'il est très difficile de considérer un ami comme un sujet d'étude.

Étudier la NDE a transformé ma vie sur plusieurs points. Je m'intéresse beaucoup plus à la spiritualité. Pas à la religion, j'insiste bien, mais à la spiritualité. Quelle est la différence ? Un sage a dit : « Un individu religieux suit les enseignements de son Église, alors qu'une personne qui vit la spiritualité écoute la voix de son âme. »

Mes recherches m'ont amené à penser de cette façon. Si l'on examine le contenu des NDE, on s'aperçoit qu'on le retrouve à la base de toutes les grandes religions. En effet, quel est donc le message que transmet le patient après une NDE ? Que la connaissance et l'amour sont les choses les plus importantes de la vie. C'est le formalisme des religions qui a ajouté les dogmes et la doctrine.

M'occuper de la NDE a aussi transformé ma façon de considérer la question de la vie après la mort. En fait, je n'utilise plus jamais cette formule. Je pense, en effet, qu'il n'y a que la vie. Quand le corps physique ne fonctionne plus, l'esprit le quitte et continue sa vie.

La NDE m'a donné une bonne idée de ce à quoi peut ressembler la séparation du corps et de l'esprit. L'étude de la NDE m'a convaincu qu'il n'y a que la vie, et que la mort ne nous apparaît comme telle que vue de l'extérieur.

J'ai également ainsi appris à ne plus craindre la fin comme nous la voyons. Je suis impatient de vivre l'aventure qui arrive à ce moment-là, quelle qu'elle soit.

Robert Sullivan

« Je suis dans l'industrie des plastiques pour gagner ma vie, dit Robert Sullivan. Mais ce n'est pas moi. » Il habite en Pennsylvanie et a plusieurs cordes à son arc, entre autres la recherche sur la NDE. Il a même une spécialité dans ce domaine : la NDE de guerre.

Sullivan s'est intéressé à la NDE à la fin des années 1970 après une conférence de Kenneth Ring. « Le sujet m'intriguait, dit-il. Je me suis donc levé et je suis allé voir Ring ; je lui ai demandé s'il existait des travaux sur ce qui arrive aux gens sur les champs de bataille. Il m'a répondu non et m'a suggéré de faire moi-même cette recherche. Je décidai aussitôt de m'y attaquer. »

Sullivan présentait toutes les qualités nécessaires pour mener ces recherches à bien. En dehors de sa curiosité, il avait un passé militaire ; il avait été militaire de carrière au cours des années 1960 puis réserviste pendant plusieurs années. En outre, il avait fait des études de psychologie mais avait adopté une vision réductionniste en ce domaine. Comme il le dit : « Pour moi, ce n'était qu'une question de réactions chimiques et d'impulsions électriques. » En plus de ses responsabilités dans son affaire de famille, Sullivan était conseiller psychologique à l'hôpital local, au service des tentatives de suicide.

« Tout le temps que j'ai passé comme conseiller psychologique m'a aidé à me conduire de façon adéquate dans cette enquête sur les NDE, dit Sullivan. J'ai découvert des cas vraiment ahurissants. Pour obtenir tous les détails que je désirais, je devais vraiment savoir comment poser les questions. »

Sullivan a repris sa place dans le monde des affaires comme président d'une société de plastiques. Pendant son temps libre — le peu qu'il réussit à dégager — il continue à donner des conférences sur la NDE.

Ma recherche sur la NDE a duré trois ans et j'ai parlé à une quarantaine d'anciens combattants qui avaient eu une NDE. Leurs épisodes allaient de l'expérience complète à un sentiment de paix chez des soldats grièvement blessés. Dans l'ensemble, le contenu de leur expérience est le même que quand cela se produit dans des circonstances « civiles » ; cette découverte apporte une preuve supplémentaire du caractère non culturel de la NDE.

Voici la NDE d'un homme que j'appellerai Tom. Il sauta sur une mine au Viêt-nam et eut la jambe littéralement arrachée. Il vécut une expérience complète. Il quitta son corps, monta à toute vitesse dans un tunnel, vit un Être de Lumière et revit sa vie. Puis il se retrouva sur le champ de bataille au milieu des débris et saignant abondamment.

Les membres de l'équipe médicale qui vint à son secours furent ébahis. Voilà un homme qui venait de perdre une jambe, et tout ce dont il voulait parler pendant qu'on lui posait un garrot, c'était de son voyage dans le tunnel !

Mes sujets étaient vraiment étonnants mais, contrairement aux sujets « civils », certains avaient eu des expériences inhabituelles liées à la guerre.

Par exemple, deux d'entre eux m'ont rapporté qu'ils voyaient les balles arriver suffisamment lentement pour pouvoir les éviter. Elles leur apparaissaient presque comme des balles de base-ball, des objets tellement visibles qu'ils pouvaient les esquiver comme un joueur de base-ball qui se baisse pour éviter une balle.

Un ancien combattant de la Seconde Guerre mondiale m'a affirmé qu'il avait un champ de vision de 360° à un moment où il courait, pris sous le feu d'une mitrailleuse allemande. Non seulement il voyait devant lui pendant qu'il courait, mais il voyait les tireurs qui essayaient de l'abattre dans le dos. Un autre dit que, avant une bataille, il pouvait prédire avec cent pour cent de réussites qui serait tué ou blessé. Quand la nouvelle de sa faculté de prédiction se répandit, les soldats se mirent à faire la queue tous les matins pour savoir qui tirerait le mauvais numéro pour la journée.

Comme les civils qui ont une NDE, ces soldats n'avaient pas demandé à avoir de pareils pouvoirs. Ils les avaient, c'est tout. Et c'était aussi inexplicable pour eux que pour les chercheurs qui s'y intéressent aujourd'hui.

Tout cela me fait dire que, chaque fois que nous pensons avoir franchi un pas vers la compréhension de la NDE, c'est seulement pour découvrir qu'il y en a encore beaucoup à faire. Quand on étudie la NDE, on se heurte à d'autres questions qui relèvent de la parapsychologie. Pour ces questions comme pour la NDE elle-même, nous n'avons aucune explication, seulement des suppositions.

Presque tout le monde me demande mon opinion sur la nature de la NDE. Je me pose moi-même la question : s'agit-il d'un réel aperçu d'un autre monde ou d'une simple suite de réactions chimiques ? A quoi je réponds : je ne sais pas !

La première fois que j'en ai entendu parler, j'ai pensé que la NDE était la porte ouverte sur l'au-delà. Je rassemblai tout ce que j'avais pu apprendre en psychologie, chimie, philosophie et religion, puis je m'occupai d'étudier la question de plus près. Le problème était que chaque interrogation en soulevait des dizaines d'autres. L'absence systématique de réponses a représenté la part la plus frustrante de mon travail.

Aujourd'hui, j'en suis venu à la conclusion que la véritable signification de la NDE ne peut sans doute pas être déterminée. Je pense réellement que la NDE est une incursion dans un autre plan de la réalité. Mais est-ce bien de la vie après la vie qu'il s'agit ? Je ne sais pas.

Je pense aussi que la NDE nous donne un bon prétexte pour parler de la mort, un sujet qui nous concerne tous, même si nous n'en sommes pas toujours conscients ! C'est, à ma connaissance, le moyen le plus positif d'aborder ce sujet.

Voici un exemple pour illustrer ce que j'avance ici. La personne à qui j'ai vendu mon affaire, il y a plusieurs années, était un homme d'affaires efficace, logique et à l'esprit terre à terre.

Après la signature du contrat, il m'invita à dîner et me demanda ce que j'allais faire puisque je devenais libre de mon temps. Je me dis qu'il allait me croire fou si je lui avouais que j'allais me consacrer à l'étude de la NDE. Je me lançai pourtant et commençai à lui expliquer mon intérêt pour le sujet. Il fut absolument fasciné. Il me parla de sa tante qui avait eu une NDE et la soirée se passa en une discussion animée sur la mort. Par la suite, je me dis que, vus des autres tables, nous devions donner l'image de deux passionnés de sport en train de discuter d'un beau match, ou quelque chose d'équivalent. Mais ce n'était pas le cas : nous parlions de la mort !

Je suis parvenu à quelques conclusions dont je suis sûr, à propos des gens qui vivent une NDE.

D'abord, je pense vraiment que ces gens rayonnent d'une énergie particulière. Il suffit de les fréquenter pour s'en rendre compte.

Un soir, en pleine tempête de neige, je devais me rendre en voiture à l'endroit où je donnais une conférence sur la NDE. Je pensais que le temps découragerait les gens et qu'il n'y aurait personne pour m'écouter. Or, en arrivant, je trouvai cinquante personnes qui m'attendaient.

Je fis donc ma petite causerie puis je demandai s'il y avait des questions. Plusieurs membres de l'assistance avaient eu une NDE et ils commencèrent à raconter leurs expériences. Cela dura plus de deux heures !

Je dois encore dire que, après, je me sentais réellement sur un petit nuage. C'était comme si j'avais pris des stupéfiants. L'énergie que distillaient ces gens me tint debout presque toute la nuit !

Depuis, j'appelle cela « l'expérience d'aura de groupe ». Je connais plusieurs personnes à qui c'est arrivé.

C'est certainement l'énergie de ces gens qui rend les chercheurs sur la NDE presque dépendants de leurs sujets.

Une autre conclusion que j'ai tirée porte sur l'aspect définitivement positif de la NDE, y compris chez les soldats traumatisés par la guerre. C'est un point qu'il importe de souligner quand on connaît le stress post-traumatique de nombreux vétérans. Beaucoup de mes sujets ont subi ce stress, mais ils ont appris à comprendre leur NDE à la lumière de leurs autres expériences ; le résultat a été de les rendre meilleurs.

7

Explications

On a avancé de nombreuses hypothèses pour expliquer la NDE comme quelque chose d'autre qu'une expérience spirituelle ou un aperçu de l'au-delà. Dans ce chapitre, j'ai rassemblé autant de ces théories que j'ai pu et j'expose différents points de vue à leur sujet, y compris le mien. Mais, d'abord, je veux expliquer pourquoi je considère la NDE comme une expérience spirituelle.

Comme on va le voir dans ce chapitre, il existe plusieurs théories — théologiques, médicales, psychologiques — qui tentent d'expliquer la NDE comme un phénomène physique ou mental, qui aurait beaucoup plus à voir avec un dysfonctionnement du cerveau qu'avec une aventure de l'esprit.

Il y a pourtant quelques détails qui présentent d'énormes difficultés à ces chercheurs : comment les patients peuvent-ils donner des descriptions si élaborées de leur réanimation ? Comment peuvent-ils savoir ce que les médecins ont fait pour les ramener à la vie ? Comment tant de ces patients peuvent-ils raconter ce qui se passait dans des parties de l'hôpital autres que la salle où gisait leur corps inanimé ?

Pour moi, ce sont les aspects de la NDE les plus problématiques. En fait, jusqu'à présent, personne n'a pu les expliquer. Tout ce que l'on a pu constater c'est leur réalité : cela arrive bel et bien.

Avant d'examiner les théories avancées, voici quelques exemples de ces événements inexplicables.

Un homme de quarante-neuf ans avait eu une crise cardiaque si grave que, après trente-cinq minutes de réanimation énergique, le médecin abandonna et commença à remplir le certificat de décès. A ce moment, quelqu'un crut déceler une étincelle de vie. On reprit donc les électrodes de défibrillation, on fit repartir l'appareil de ventilation pulmonaire. Le cœur se remit à battre.

Le lendemain, ayant repris ses esprits, ce malade entreprit de décrire dans le moindre détail ce qui s'était passé dans la salle des urgences. Son médecin en fut très surpris. Mais ce qui l'étonna encore plus ce fut le portrait précis que fit cet homme de l'infirmière des urgences qui s'était précipitée pour aider le médecin.

Le malade la décrivit parfaitement, depuis sa coiffure particulière jusqu'à son nom de famille, Hawkes. Il dit qu'elle avait fait rouler tout le long du couloir ce chariot où il y avait une machine avec deux espèces de raquettes de ping-pong. (Il s'agit des électrodes avec lesquelles on fait les électrochocs ; c'est l'équipement de base en réanimation.)

Quand son médecin lui demanda comment il connaissait le nom de l'infirmière et ce qu'elle avait fait, il répondit qu'il avait quitté son corps et que — en suivant le couloir pour aller voir sa femme — il était passé à travers l'infirmière Hawkes. En la traversant, il avait lu son nom sur son badge et s'en souvint pour la remercier par la suite.

J'ai longuement parlé de ce cas avec le médecin. Il était terriblement perplexe. La seule façon, me dit-il, dont cet homme pouvait donner une description si précise des événements, c'était d'y avoir assisté !

A Long Island, une femme de soixante-dix ans qui était devenue aveugle à dix-huit ans put décrire en détail ce qui s'était passé pendant qu'on la réanimait après une crise cardiaque.

Elle ne se contenta pas de décrire les instruments utilisés : elle en précisa aussi les couleurs !

Pour moi, un des aspects les plus surprenants de cette histoire est que la plupart des instruments qu'elle a décrits n'existaient pas à l'époque où elle voyait encore, cinquante ans plus tôt. On ne les avait même pas imaginés. Pour couronner le tout, elle ajouta que le médecin portait une blouse bleue pendant qu'il la réanimait, ce qui était exact.

Un autre cas étonnant, qui montre bien que la NDE représente bien plus qu'un simple dysfonctionnement du cerveau, m'a été transmise par un médecin du Dakota du Sud.

Un matin, alors qu'il arrivait en voiture à l'hôpital, il avait embouti l'arrière d'une autre voiture. Cela l'avait profondément perturbé. Il craignait que les gens qu'il avait heurtés ne prétendent avoir souffert d'un « coup du lapin » et lui réclament une forte somme.

Cet accident le perturba profondément et ne cessa de le hanter pendant toute la matinée. Il l'avait toujours présent à l'esprit quand il fut appelé aux urgences pour réanimer une personne victime d'un arrêt cardiaque.

Le lendemain, l'homme qu'il avait réanimé lui dit : « Pendant que vous vous occupiez de moi, je suis sorti de mon corps et je vous ai regardé travailler. »

Le médecin commença à lui poser des questions sur ce qu'il avait vu ; il fut abasourdi par la précision de la description. Son malade lui expliqua méticuleusement à quoi ressemblaient les instruments utilisés et même l'ordre dans lequel on s'en était servi. Il indiqua précisément les couleurs des appareils, leur forme et même les différents cadrans de ces appareils.

Mais ce qui convainquit réellement ce jeune cardiologue de l'authenticité de l'expérience de son patient fut que celui-ci ajouta : « Docteur, je sais bien que vous étiez embêté à cause de cet accident. Mais vous ne devez surtout pas vous en faire pour ce genre de choses. Vous consacrez votre temps aux autres. Personne ne va vous faire de mal. »

Cet homme ne s'était pas contenté d'observer les détails concrets de son environnement pendant qu'il était inconscient ; il avait aussi lu dans les pensées de son médecin !

Après une conférence donnée devant des médecins de la base de l'armée américaine de Fort Dix, dans le New Jersey, un homme vint me trouver pour me raconter son incroyable NDE. J'ai fait, par la suite, confirmer son récit par les médecins qui l'avaient soigné.

> J'étais terriblement malade, avec des problèmes cardiaques. En même temps, ma sœur luttait contre la mort dans un autre service du même hôpital, à la suite d'un coma diabétique. Je suis sorti de mon corps et je suis allé dans le coin de la chambre pour regarder d'en haut les médecins qui s'occupaient de moi.
>
> Soudain, je me suis retrouvé en train de bavarder avec ma sœur. Elle flottait en l'air avec moi. Je l'aimais beaucoup, et nous avions une grande discussion sur ce qui se passait au-dessous de nous quand elle commença à s'éloigner de moi.
>
> J'essayai de la suivre, mais elle n'arrêtait pas de me dire de rester où j'étais. « Ton heure n'est pas venue, me disait-elle. Tu ne peux pas venir avec moi parce que ce n'est pas encore ton heure. » Puis elle commença à

disparaître dans un tunnel tandis que je restais en arrière, seul.

Quand je m'éveillai, je dis au médecin que ma sœur était morte. Il commença par nier puis, devant mon insistance, il envoya une infirmière pour vérifier. Ma sœur était bien morte, comme je l'avais dit.

Ce ne sont que quelques-uns des cas qui me prouvent que les NDE sont plus qu'une simple hallucination ou un « mauvais rêve ». Il n'y a aucune explication logique de l'expérience de ces gens. Même si l'expérience du tunnel et la rencontre avec des Êtres de Lumière peuvent être écartées comme un simple « jeu de l'esprit », les épisodes hors du corps mettent en échec même les membres les plus sceptiques du corps médical.

A présent, voyons quelques-unes de ces théories supposées expliquer la NDE. On étudiera en même temps les raisons pour lesquelles on ne peut les accepter.

Carl Sagan : Le tunnel comme réminiscence de la naissance

Carl Sagan, chercheur et astronome renommé de Cornell University, fait partie de ceux qui ont tenté d'expliquer l'expérience du tunnel comme une réminiscence de l'expérience de la naissance.

A première vue, la comparaison paraît très vraisemblable. C'est une expérience unique dans l'existence, par laquelle passent tous les êtres humains, dans le monde entier. Cela pourrait expliquer que le contenu de la NDE soit identique quelle que soit la culture ou la religion du sujet.

Il est exact que nous avons, pour la plupart, vécu cet effort nécessaire pour franchir le « tunnel » de la naissance, avant d'être tirés dans un monde coloré et brillant par des gens heureux de nous voir arriver.

Il n'est donc pas étonnant que Sagan établisse un lien entre la naissance et la mort. Dans son célèbre ouvrage *Le Cerveau de Broca: Réflexions sur le roman de l'aventure scientifique,* il écrit:

> La seule possibilité, pour autant que je sache, est que chaque être humain, sans exception, a déjà connu une expérience proche de celle de ces voyageurs revenus des frontières de la mort: la sensation de voler; l'arrivée dans la lumière après la traversée des ténèbres; un épisode où, au moins dans un certain nombre de cas, on perçoit vaguement un personnage plein de noblesse, baigné de lumière. Il n'y a qu'une expérience commune à toute l'humanité qui corresponde à cette description. On l'appelle la naissance.

La théorie de Sagan peut paraître cohérente, à moins de faire ce qu'a fait Carl Becker. Ce professeur de philosophie de l'université de l'Illinois du Sud a compulsé les travaux de pédiatrie pour savoir dans quelle mesure un nouveau-né peut se souvenir de sa naissance. Il a ainsi découvert que les bébés ne se souviennent pas de leur naissance et que leur cerveau n'est pas équipé pour enregistrer l'événement.

Voici la réfutation de l'argument de Sagan telle que la fait Becker, point par point:

— La perception infantile est trop pauvre pour voir ce qui se passe pendant la naissance. Dans la théorie de Sagan, le sujet accueilli par des Êtres de Lumière serait simplement en train de revivre le moment où il est sorti du ventre de sa mère et a vu la sage-femme, le médecin ou même son père.

Becker souligne la fausseté de cette affirmation en se référant aux études poussées de la perception infantile qui montrent que l'intellect du bébé est trop peu développé pour percevoir grand-chose.

Une étude, en particulier, montre que les nouveau-nés ne peuvent pas distinguer les silhouettes. D'autres études démontrent que :

— Les nouveau-nés ne réagissent pas à la lumière, à moins d'un contraste de soixante-dix pour cent entre la lumière et l'obscurité.

— Ils focalisent ou fixent rarement leur regard sur un objet et, quand ils le font, ils ne peuvent examiner qu'une petite partie de cet objet pendant un laps de temps très court.

— Les nouveau-nés ont une vision très localisée ; s'ils focalisent, c'est sur une petite partie d'objet, très contrastée, et non sur l'objet tout entier.

— La moitié des nouveau-nés ne peuvent pas du tout coordonner leur vision à une distance de plus d'une longueur de bras. Et un enfant de moins d'un mois ne peut focaliser un objet distant de plus de 1,50 mètre.

— Les mouvements oculaires de l'enfant sont « rapides et inorganisés », en particulier quand il pleure. A ce propos, d'ailleurs, il faut aussi signaler que les yeux d'un enfant sont fréquemment brouillés par les larmes, *spécialement* à la naissance.

Un des autres points soulignés par les travaux de pédiatrie est la faiblesse de la mémoire des enfants pour les formes et les structures. Comme le développement de leur cerveau n'est pas terminé et qu'il n'a pas encore été soumis aux impressions de la vie à l'extérieur de la matrice, ils n'ont qu'une capacité réduite d'encodage de ce qu'ils voient.

Même s'il était exact que la NDE est une façon de revivre l'expérience de la naissance, je me demande si on la revivrait toujours avec un climat aussi positif que cela l'est dans la majorité des cas de NDE. Le fait de naître implique, en effet, une importante rupture dans l'univers du fœtus. Les bébés sont précipités dans un monde où on leur met la tête en bas, où on leur tape sur les fesses et où, enfin, on leur coupe le cordon ombilical avec des ciseaux !

Si on revivait l'expérience de la naissance avec la NDE, comme Sagan le suggère, ce ne serait vraisemblablement pas une transformation aussi positive pour la plupart des gens.

Une dernière remarque sur la théorie de Sagan. L'épisode du tunnel comporte le plus souvent un déplacement rapide vers une lumière qui brille à l'autre extrémité de ce tunnel. Au cours de la naissance, le visage de l'enfant est pressé contre les parois du corps de sa mère. L'enfant n'a pas le regard tourné vers le haut, en direction d'une lumière dont il se rapproche, comme le sous-entend la théorie de Sagan. Compte tenu de la façon dont il est placé, il ne peut rien voir du monde dans lequel il va arriver.

L'excès de dioxyde de carbone et l'épisode du tunnel

On a parfois parlé de l'expérience du tunnel comme d'une « porte sur l'autre monde. » En général, elle est décrite comme ce que l'on éprouverait si l'on se trouvait propulsé dans un tunnel vers un point lumineux qui grandit au fur et à mesure.

Certains chercheurs estiment que cette impression traduit la réponse du cerveau à un niveau élevé de dioxyde de carbone (CO_2) dans le sang. Ce gaz est un sous-produit du métabolisme — quand on respire, l'air rejeté contient une importante proportion de CO_2. Quand on s'arrête de respirer, par suite d'arrêt cardiaque ou d'accident grave, le niveau de CO_2 dans le sang augmente rapidement. Quand ce niveau dépasse un certain seuil, les tissus commencent à mourir.

Comme on utilisait le CO_2 à titre thérapeutique dans les années 1950, de nombreux patients en ont fait l'expérience et l'on connaît bien les symptômes qu'il peut engendrer. On n'utilise plus cette méthode de thérapie, mais il reste des études de cas qui décrivent l'expérience comme l'impression d'avancer dans un tunnel ou un cône, ou encore d'être entouré par des lumières intenses.

On n'a toutefois pas d'exemples où le CO_2 aurait déclenché la vision d'Êtres de Lumière ou fait revoir les événements de la vie.

Je pourrais presque accepter cette explication du tunnel s'il n'y avait pas une certaine étude du Dr Sabom.

Dans l'un des cas qu'il a étudiés, le cardiologue d'Altanta a mesuré le niveau d'oxygène dans le sang d'un patient au moment même où celui-ci était en train de vivre une NDE très forte. La proportion d'oxygène était au-dessus de la normale...

Cela ne permet pas d'adhérer sans réserve à la théorie de l'excès de CO_2. Au contraire, le cas présenté par Sabom montre bien la nécessité de poursuivre les recherches avant d'adopter la moindre conclusion.

Faut-il être mourant pour avoir une NDE ?

Bien des sceptiques ont soutenu que les NDE sont déclenchées par le corps quand il se trouve sous pression, sans être obligatoirement très malade. Ils reconnaissent que la NDE arrive à des gens qui ont frôlé la mort, mais ils pensent aussi que des gens sérieusement malades — mais sans risque pour leur vie — peuvent en vivre une.

Pour tester cette théorie, le Dr Melvin Morse a interrogé onze enfants de trois à seize ans qui avaient survécu à un épisode menaçant pour leur vie. Parmi eux, certains avaient été dans le coma, d'autres avaient eu un arrêt cardiaque. Sept de ces enfants se souvenaient d'éléments appartenant à une NDE : ils étaient à l'extérieur de leur corps, ils étaient entrés dans les ténèbres puis dans un tunnel et avaient décidé de revenir dans leur corps.

Ce groupe de onze enfants fut comparé avec un groupe de vingt-neuf enfants du même âge ayant survécu à des maladies graves mais au taux de mortalité peu élevé. Les membres de ce second groupe ne s'étaient trouvés à aucun moment en danger de mort. Aucun de ces enfants ne se souvenait de quoi que ce soit qui eût un lien, proche ou lointain, avec la NDE.

Cela conduisit Morse et son équipe à conclure que « quelle que soit... la cause de ces expériences uniques, il est clair que les enfants qui survivent après avoir failli mourir ont des NDE ».

Cela montre que la NDE est spécifiquement liée au fait de frôler la mort de très près, par contraste avec le fait d'être simplement très malade.

La NDE, une hallucination ?

Pour certaines personnes, les NDE sont de simples hallucinations, des productions mentales engendrées par le stress, le manque d'oxygène ou même, dans certains cas, par des drogues.

L'un des arguments les plus puissants contre cette théorie réside en ce que des NDE se produisent chez des patients qui ont un électro-encéphalogramme plat.

L'électro-encéphalogramme. ou EEG, est l'enregistrement de l'activité électrique du cerveau. L'EEG se présente sous la forme d'un tracé sur une bande de papier. Le tracé monte et descend en réponse à l'activité électrique du cerveau selon que l'on pense, parle, rêve ou ne fait rien. Si le cerveau est mort, l'EEG offre un tracé plat, ce qui implique l'incapacité du cerveau à penser ou décider une action. Un EEG plat est le critère légal de la mort dans de nombreux pays.

Il ne peut rien se passer dans le cerveau sans activité électrique. Même les hallucinations apparaissent à la lecture d'un EEG.

Or, on possède de nombreux comptes rendus de cas où des gens ont eu une NDE avec un EEG plat ! Et, bien sûr, ils ont survécu puisqu'ils ont pu raconter leur aventure. Le nombre de gens à qui c'est arrivé m'amène à penser que, dans certains cas, les NDE se sont produites chez des gens techniquement morts. S'il s'agissait d'hallucinations, on en aurait la trace sur l'enregistrement de l'EEG.

Je m'empresse toutefois de préciser que l'EEG ne donne pas toujours un tracé exact de la vie du cerveau. Il y a des cas où l'on a enregistré des ondes alpha alors que les électrodes étaient branchées sur un bol de gelée.

Bien sûr, cela ne veut pas dire que la gelée est vivante ! Cela montre simplement que l'EEG a enregistré des interférences (probablement des ondes radio). On appelle parfois cela le fantôme dans la machine.

Parfois, le cerveau peut n'avoir gardé qu'une activité si faible que la machine ne peut y réagir. Un médecin de Duke University m'a cité un exemple de ce type de cas. Ils avaient parmi leurs patients une petite fille reliée à un EEG. A en croire la machine, elle n'avait plus aucune activité cérébrale.

Les médecins pensèrent donc qu'elle était morte et voulurent la « débrancher », mais sa famille refusa, disant qu'il y aurait un miracle. Et tous les membres de sa famille se réunirent autour de son lit pour une semaine de prière.

La petite fille reprit conscience. Son médecin ajouta qu'elle avait totalement « récupéré » et qu'elle venait de terminer avec succès le cycle d'enseignement primaire. Il insista sur le fait que, si les médecins s'étaient fiés à l'EEG, elle serait morte. Il découvrit ainsi ce que d'autres médecins avaient déjà découvert pour leur propre compte : l'activité cérébrale peut descendre à un niveau si infime que les électrodes placées sur le cuir chevelu y restent insensibles.

Insignifiance de la religion

On pense parfois, à tort, que seules les personnes très croyantes ont des NDE. Toutes les études ont montré que ce n'est pas vrai. Des chercheurs, dont Melvin Morse, ont établi que les sujets très croyants ont plus facilement tendance à interpréter l'Être de Lumière comme étant Jésus ou Dieu et à désigner le lieu situé à l'issue du tunnel comme le paradis. Il n'en reste pas moins que leur religiosité ne modifie en rien la structure fondamentale de l'expérience. Ils décrivent toujours une sortie du corps, le passage dans un tunnel, l'apparition d'Êtres de Lumière et la vision de leur vie, exactement comme les non-croyants. Ce n'est qu'après qu'ils replacent leur expérience dans un contexte religieux.

J'ouvre ici une rapide parenthèse à ce propos. Je me suis aperçu qu'il existe, en gros, deux catégories de gens qui s'interrogent sur les rapports de la religion et de la NDE. Il y a le groupe de ceux qui cherchent à démontrer l'exactitude de leur interprétation personnelle des Écritures par le biais de la NDE d'un tiers.

Et il y a le groupe de ceux qui veulent savoir si les athées deviennent croyants après une NDE. Ce qu'ils veulent dire, c'est qu'une NDE vécue par un athée, et rapportée par lui, gagnerait en validité et en objectivité. Ils pensent qu'un athée aura vécu sa NDE sans y introduire d'a priori religieux.

Or, je me suis rendu compte que toute la question du « contexte religieux » est infiniment plus complexe que le simple fait de croire ou de ne pas croire.

Quand on étudie le sujet de plus près, il faut prendre en considération d'autres niveaux de conscience que la seule pensée consciente. Il faut aussi tenir compte des facteurs inconscients, car ils peuvent se révéler très différents de ce que le sujet pense à un niveau conscient.

Je me suis aperçu que, même si certaines personnes se prétendent athées, elles n'en ont pas moins un minimum de connaissances religieuses. Peut-on imaginer qu'un enfant puisse atteindre l'âge de six ou sept ans sans avoir la moindre notion de Dieu ? Personnellement, je ne peux pas ! Même si ses parents avaient délibérément cherché à le préserver de toute culture religieuse, il aurait quand même été bombardé des mêmes images que le reste de la population, ne serait-ce que parce que l'on ne peut éviter de voir des pasteurs prêcher à la télévision, ou de remarquer les églises du voisinage. Toutes ces images créent dans l'esprit de tout individu la notion de Dieu.

Quand une personne se trouve dans un état de crise comme le risque de mourir, la situation fait certainement émerger les notions religieuses qu'elle peut avoir. A mon avis, il n'y a pas plus d'athées au seuil de la mort qu'il n'y en a sur les champs de bataille.

Autrement dit, je pense qu'il existe des dispositions religieuses inconscientes que les chercheurs ne peuvent pas évaluer même par l'enquête post-NDE la plus achevée.

Il faut néanmoins insister sur un point très intéressant : même les gens très croyants reviennent d'une NDE dégagés de toute appartenance à une Église plutôt qu'à une autre. Ils disent que Dieu attache plus d'importance aux composantes spirituelles de la religion que ne le font les gens dogmatiques.

Pourquoi les NDE ne sont pas toutes identiques

On objecte parfois que, si les NDE sont réellement des incursions dans le plan d'existence spirituel, tous les sujets devraient vivre la même expérience. Ils devraient tous voir leur corps depuis un point situé à l'extérieur de celui-ci, traverser un tunnel en flottant, rencontrer des parents décédés, voir un Être de Lumière rayonnant et revoir leur vie.

Or, selon les sujets, l'expérience est plus ou moins complète. Les extraits de récits cités dans les chapitres précédents montrent bien la variété des expériences. Certains sujets ne connaissent que la sortie du corps tandis que d'autres font une NDE complète, qui les amène dans une dimension spirituelle.

Une étude dont je n'ai pas encore parlé a été menée à l'université de Californie, Northridge, par J. Timothy Green et Penelope Friedman. Ils ont minutieusement interrogé quarante et une personnes qui avaient été cliniquement mortes ou mourantes à la suite d'un accident, d'une maladie ou d'une tentative de suicide. Ce groupe rapporta un total de cinquante NDE. Les phases de ces NDE furent rapprochées et comparées avec les résultats de l'étude plus large de Ring. Comme Green et Friedman ont travaillé sur un groupe bien plus restreint que celui de Ring, les pourcentages de présence des différentes phases de la NDE offrent quelques différences notables avec les chiffres donnés par Ring. Il faut bien garder cela à l'esprit quand on compare les chiffres :

Phase de la NDE	*Étude de Ring*	*Étude de Green et Friedman*
1. Ambiance de base (paix et tranquillité)	60 %	70 %
2. Expérience hors du corps	37 %	66 %
3. Tunnel / zone obscure .	23 %	32 %
4. Vision de la lumière ..	16 %	62 %
5. Entrée dans la lumière .	10 %	18 %

Cette étude et la comparaison avec les résultats de Ring met bien l'accent sur la variété de déroulement de la NDE. Tous les gens interrogés dans le cadre de ces deux études avaient eu ce que nous sommes convenus d'appeler une expérience d'approche de la mort, mais ils ont tous eu une expérience unique, différente dans sa composition. Certains n'ont eu qu'une expérience hors du corps, d'autres n'ont connu que la sensation d'aller dans un tunnel. D'autres, enfin, ont vécu des NDE complètes.

La question posée au début de ce paragraphe demeure donc : les gens qui se trouvent ainsi aux frontières de la mort ne devraient-ils pas avoir tous une expérience identique ?

A cela je réponds non. Je prends un exemple qui va éclairer ma position. Imaginons dix personnes qui visitent la France. Je doute que ces dix touristes aient la même expérience de leur voyage. Trois d'entre eux diront qu'ils ont vu tel célèbre monument. Cinq, qu'ils ont merveilleusement bien mangé, et les deux autres, peut-être, qu'ils ont fait une magnifique promenade sur tel fleuve. Chacun de ces voyageurs rapporterait un récit différent de son séjour en France. Ces récits présenteraient toutefois des zones de recoupement.

De la même façon, dans les NDE, si des parties

des récits se recoupent pour former un cadre commun, il n'y a pas deux expériences absolument identiques.

L'ultime conte de fées

Il y a des gens pour penser que la NDE est le mécanisme de défense de l'esprit devant la pire des réalités, notre mort. D'après cette thèse, l'horreur de la situation conduit l'esprit à se leurrer lui-même en imaginant la situation sous un jour bien meilleur. Voici une version simplifiée de l'enchaînement des événements ainsi proposé :

— Il y a deux façons de répondre à une menace. Si l'on peut faire physiquement quelque chose pour modifier la situation — comme d'éviter une voiture, par exemple —, on le fait. Si l'on ne peut rien faire pour modifier le cours des événements — si l'on est heurté par la voiture en question —, c'est alors à l'esprit d'affronter le problème. Il le fait en se dissociant de la situation, dans certains cas au point de créer un monde imaginaire.

— Même si cette approche fantasmatique peut paraître une façon bien passive d'affronter un événement tel qu'un accident, cela peut être la meilleure solution pour la victime ; puisque cette situation dangereuse pour l'existence est douloureuse et paralysante, on se trouve dans un état de trop grande détresse pour pouvoir entreprendre la moindre action physique contre la douleur.

— Pour conserver l'énergie et assurer la poursuite du fonctionnement du corps, l'esprit glisse encore plus loin dans ces confortables fantasmes. Non seulement, cela permet de se concentrer sur autre chose que l'horrible douleur due au choc avec la voiture, mais cela permet aussi au corps de se détendre et, ainsi, de mieux faire face à ces difficultés internes.

— Tout cela est possible grâce à la faculté du cerveau de produire des substances chimiques. Sous l'effet de la douleur, le cerveau sécrète ses propres substances opiacées, ou endorphines, environ trente fois plus puissantes que la morphine. On peut en sentir les effets relaxants après un effort physique intense. Ils sont à l'origine de la merveilleuse sensation connue sous le nom de l'ivresse du coureur. Or, le fait d'être renversé par une voiture déclenche un afflux d'endorphines supérieur à ce que déclenche le simple fait de courir. Cela amène aussi le cerveau à les fabriquer très rapidement.

La dissociation et l'élaboration des fantasmes devient alors bien plus forte. Il commence à se produire des choses très bizarres. On imagine qu'on quitte son corps. Où bien on se trouve en train de voler dans un tunnel à des vitesses supersoniques vers une lumière qui brille. On peut voir ses grands-parents décédés, ses tantes ou ses oncles. Un merveilleux Être de Lumière vous accueille éventuellement, et vous fait revoir toute votre vie. Peut-être veut-on alors rester dans ce « paradis ». Mais l'Être de Lumière vous dit alors qu'il est temps de repartir.

Et quelques instants plus tard — on ne peut pas vraiment dire combien de temps cela a duré —, on a l'impression d'être « aspiré » dans son corps et d'y rentrer.

— On revient transformé dans le monde réel. Cette expérience de drogue, une drogue produite par le cerveau, vous a changé. Vous ne voyez plus le monde de la même façon. Vous pouvez penser que cet épisode, dont vous apprenez qu'on l'appelle une expérience d'approche de la mort, est un aperçu de l'au-delà. Mais quelques chercheurs pensent que vous avez failli vous raconter votre dernière « histoire pour s'endormir ».

Voilà une théorie bien ficelée ! Malheureusement, elle n'explique toujours pas la NDE, ne serait-ce que pour une raison : je ne connais aucune recherche qui lie les endorphines aux hallucinations ou à tout autre phénomène visuel.

En revanche, je sais bien que les coureurs de fond et d'autres athlètes dans des disciplines d'endurance produisent d'extraordinaires quantités d'endorphines à l'entraînement ou en compétition. Ils se sentent fréquemment presque euphoriques après un effort prolongé, ce qui concorde avec ce que l'on sait de la façon dont les neurotransmetteurs affectent un individu.

Mais je ne connais pas un seul cas où un athlète aurait rapporté des expériences proches de la NDE, à moins d'avoir failli mourir d'un effort trop important.

Cette théorie n'explique pas non plus les expériences hors du corps où les gens décrivent avec exactitude ce qui se passe autour d'eux, ainsi que le matériel employé.

Je suppose que cet argument est rendu plausible par le fait que les endorphines créent bel et bien un état de paix et de béatitude. C'est d'ailleurs ce qu'elles sont censées faire puisqu'elles sont la réponse du corps à la souffrance. Pourtant, en toute logique, on ne peut poursuivre plus loin l'analogie.

Le déni de la réalité

Les gens incapables de faire face à l'approche rapide de la mort peuvent la nier par un fantasme où ils survivent. C'est une forme de négation de la réalité qui fait partie des mécanismes de défense et prétend nous protéger de l'anéantissement final.

L'argument le plus évident à l'encontre de cette thèse est que les sujets ont fondamentalement la même expérience. Si c'était un simple déni de réalité, les gens auraient des souvenirs vivaces de tel merveilleux repas entre amis, ou bien s'imagineraient entourés de femmes superbes, plus vraisemblablement que l'impression d'être dans un tunnel et de revoir leur vie.

Les événements associés avec l'approche de la mort ne peuvent être le simple fruit d'un déni de la réalité. Si c'était le cas, les récits de NDE seraient tous différents, sans aucun point commun.

Cette explication présente encore une autre difficulté. Elle ne concorde pas avec les faits. Un mécanisme de défense psychologique maintient les choses en l'état, puisque la psyché veut rester telle qu'elle est.

Une NDE se distingue donc d'un déni de la réalité en ce qu'elle représente un profond changement. Au lieu de permettre aux gens de ne pas changer, elle les amène à aborder leur existence d'une façon totalement neuve, comme ils n'auraient jamais pensé à le faire auparavant.

Après une NDE, les gens affrontent leur vérité personnelle d'une façon remarquable. Et cela les rend heureux. Contrairement au déni de la réalité connu sous le nom de rêve éveillé, qui soulage temporairement de la réalité, la NDE procure un point de départ pour une transformation qui dure toute la vie.

L'inconscient collectif de Jung

Carl Jung a insisté sur le fait que beaucoup de mythes et de croyances se retrouvent dans différentes cultures, même si elles n'ont eu aucun lien entre elles. Par exemple, le mythe de la genèse du monde est le même chez les Indiens Papago que chez les Grecs de l'Antiquité.

Jung a appelé la structure globale « l'inconscient collectif » et les éléments dont elle se compose, les « archétypes ». Ce sont les réponses programmées dans chaque être humain. Un exemple simple d'un archétype est « mère ». Dans toutes les cultures, ce mot évoque un ensemble de significations très semblables, une universalité fondamentale.

Quoique Jung lui-même ait eu une NDE, il ne relie pas celles-ci à l'inconscient collectif. En revanche, les disciples de Jung relient les NDE aux archétypes car il s'agit d'une expérience commune à toutes les cultures (et vécue sans que l'appartenance raciale y change quoi que ce soit), et qu'elle comporte les mêmes éléments de base pour les hommes et les femmes à tous les âges de la vie.

L'expérience archétypale typique pourrait se présenter comme suit : une personne fait un rêve comportant des éléments qui n'appartiennent pas à son expérience consciente, mais se rapproche très fort d'éléments présents dans la mythologie ou d'anciens rites.

Pour certains jungiens, la mort et l'approche de la mort font surgir cette imagerie archétypale des profondeurs de l'inconscient. Elle est, dans ses grands traits, identique pour toute l'humanité : expérience du tunnel, Êtres de Lumière, vision des événements de la vie, etc.

C'est une théorie difficile à réfuter, en particulier parce que ce n'est justement qu'une théorie. Comme les autres théories exposées ici, elle offre une parcelle de vérité. Pour moi, sa plus grande faiblesse est de ne pas rendre compte des expériences hors du corps. Je ne pourrai accepter qu'une théorie qui les explique.

Une expérience de lumière

Pendant des années, j'ai essayé de découvrir une explication physiologique à la NDE. Et je me retrouve aujourd'hui encore les mains vides.

Toutes les prétendues théories explicatives me paraissent incomplètes ou inadéquates. Dans l'ensemble, les gens qui les proposent n'ont jamais pris la peine de parler avec ceux qui ont eu une NDE, de les regarder dans les yeux et de les écouter.

S'ils le faisaient, ils parviendraient peut-être aux mêmes conclusions que le philosophe William James à propos du mysticisme.

Il dit que c'est une expérience noétique. Une expérience qui se justifie elle-même puisque c'est une forme de connaissance. Elle est personnelle au point de se trouver au-delà des mots. Et elle transforme profondément l'existence.

C'est purement et simplement une expérience de lumière.

CONCLUSIONS

« La gloire indicible »

Voilà plus de vingt ans que je travaille dans cette zone limite qu'est l'étude de la NDE. Au cours de ces recherches, j'ai entendu des milliers de gens parler de leurs voyages si profondément personnels dans... quoi ? L'au-delà ? Le paradis dont on leur a parlé au cours d'instruction religieuse ? Une zone du cerveau qui ne se révèle que dans les situations désespérées ?

J'ai également parlé, à peu près, avec tous ceux qui étudient la NDE dans le monde entier. Je sais que la plupart d'entre eux croient, au fond d'eux-mêmes, que la NDE procure un aperçu de la vie après la vie. Toutefois, en tant que scientifiques ou membres du corps médical, ils ne possèdent toujours aucune « preuve scientifique » du fait qu'une partie de nous continue à vivre après la mort du corps. Ce manque de preuve les empêche de déclarer leurs véritables convictions en public. Mais, en même temps, ils essaient toujours de répondre de façon scientifique à cette question si intrigante : que se passe-t-il quand nous mourons ?

Je doute que la science puisse jamais répondre à cette question. On peut l'aborder pratiquement de tous les points de vue, mais la réponse ne sera jamais complète. Même si l'on pouvait produire une

NDE en laboratoire, qu'est-ce que cela voudrait dire ? La science ne pourrait qu'enregistrer un nouveau récit sur un voyage qu'elle n'aurait pas pu voir.

Différents chercheurs ont proposé des moyens d'investigation de la NDE plus perfectionnés que jamais. Leurs suggestions sont intéressantes en ce qu'elles pourraient produire comme résultats, mais impossibles à utiliser pour des motifs d'éthique médicale. On peut toujours penser de nouvelles techniques, mais les appliquer réellement pourrait mettre en danger la sécurité et la vie privée des malades.

Quand un médecin s'occupe d'un patient près de mourir, il est évident que la chose la plus importante à ce moment-là n'est pas de mener une recherche scientifique mais, si possible, d'arracher cette personne à la mort.

Je pense que, si ceux d'entre nous qui ont étudié la NDE plaidaient pour l'expérimentation sur les mourants, ce serait déplorable. Ce serait une violente intrusion dans l'un des moments les plus intimes et les plus importants de la vie d'une personne.

Interférer, de quelque façon que ce soit, avec les soins cliniques en cours, serait moralement condamnable. En outre, il serait bien difficile à un chercheur d'ajouter quoi que ce soit d'essentiel au remarquable travail des auteurs présentés au long de ce livre.

Il y a pourtant une recherche qui pourrait se révéler intéressante, sans être gênante. Un chercheur a émis l'idée de placer sur l'abdomen des patients en réanimation des objets que, normalement, on ne trouve pas en salle d'urgences. Des médaillons de forme peu courante feraient bien l'affaire, par exemple.

Ainsi, si ces patients ont réellement une expérience hors du corps, ils devraient pouvoir décrire l'objet placé sur leur ventre puisqu'ils le verraient alors depuis le plafond.

C'est une bonne idée. Mais dans la pratique... Il faut essayer d'imaginer la scène : quel médecin, totalement mobilisé par la nécessité de sauver son patient, prendrait le temps de faire joujou avec des médaillons ? Personnellement, je ne crois pas que je prendrais ce temps-là !

Non seulement cette procédure se heurterait aux obstacles éthiques mentionnés plus haut, mais elle entraînerait une énorme responsabilité vis-à-vis des compagnies d'assurances pour le médecin et pour l'hôpital qui auraient permis une telle expérience.

Une autre possibilité, que je trouve plus raisonnable, serait de placer des points de repère fixes dans les salles de réanimation, à des emplacements où ils ne pourraient être vus que depuis le plafond. De cette façon, un patient pourrait prouver qu'il est bien sorti de son corps en décrivant ces points de repère en même temps que sa réanimation.

A mon avis, ce qui donnerait de très bons résultats serait de placer de grandes bandes de papier très colorées sur le dessus des suspensions, de sorte qu'un patient qui flotterait près du plafond ne pourrait manquer de les voir.

On a également proposé une méthode d'enquête assez spéciale avec des gorilles. Je ne la mentionne ici que dans la mesure où cela montre à quel point nous nous sentons frustrés de ne pouvoir reproduire une NDE en laboratoire.

On a imaginé d'enseigner à des gorilles un langage par signes puis de les mettre dans un état proche de la mort au moyen d'un appareillage adapté, surveillé par des médecins, puis de les réanimer. Une fois revenus à eux, les primates pourraient être « questionnés » sur leur expérience par leur professeur de langage par signes.

Je suis totalement contre cette idée. D'abord, ce serait de la cruauté envers ces animaux. Ensuite, cela n'apporterait pas grand-chose. Qu'une NDE se produise sous contrôle ou spontanément, il est vraisemblable que l'expérience sera assez semblable dans les deux cas. Une expérience comme celle du tunnel ou de la vision de la vie en trois dimensions ne peut être observée par personne d'autre que le sujet auquel cela arrive, *quelle que soit* la situation où cela arrive. Alors, pourquoi risquer même la vie d'un seul gorille pour tenter l'impossible ?

Je considère donc cette suggestion comme fanatique et méritant à peine d'être mentionnée. Si je l'ai quand même fait, c'est parce qu'elle expose la seule manière envisageable de conduire une recherche sur la NDE chez les animaux.

En l'absence d'une preuve scientifique bien nette, on me demande souvent ce que je crois : les NDE sont-elles un témoignage sur la vie après la vie ? Ma réponse est oui.

Il y a plusieurs éléments qui me font penser ainsi. L'un d'eux est l'ensemble de récits d'expériences hors du corps qui ont été vérifiés, des récits comme j'en ai rapporté quelques-uns dans le précédent chapitre.

Quelle plus grande preuve de la survie après la mort du corps pourrait-on demander que tous ces exemples de gens qui sortent de leur corps, et observent les manœuvres de réanimation pratiquées sur ce corps ?

Bien que ces expériences hors du corps puissent être scientifiquement le meilleur motif de croire en la vie après la mort, personnellement, ce qui m'impressionne le plus dans les NDE, ce sont les incroyables transformations de la personnalité des sujets à la suite d'une pareille expérience. Que les NDE changent complètement les gens à qui elles arrivent montre bien leur réalité et leur puissance.

Après vingt-deux années de recherche sur la NDE, je pense qu'il n'existe pas de preuve scientifiquement assez forte pour affirmer définitivement la réalité d'une vie après la mort. Mais cette position concerne la science, les questions de la raison.

Ce qui relève du cœur est différent. Ces questions sont alors sujettes à des jugements qui ne réclament pas une vision du monde strictement scientifique. Mais pour des chercheurs comme moi-même, elles demandent néanmoins une analyse poussée.

C'est sur la base d'un tel examen que j'ai acquis la conviction que la NDE offre réellement un aperçu de l'au-delà, une brève incursion dans une réalité tout à fait autre.

Mon sentiment se trouve exprimé dans une lettre écrite par C. G. Jung en 1944. C'est un texte particulièrement significatif car Jung avait eu lui-même une NDE lors d'une crise cardiaque, quelques mois avant d'écrire cette lettre :

> Ce qui arrive après la mort est d'une gloire si indicible que notre imagination et nos sentiments ne peuvent suffire à le concevoir, même de façon très approximative...
>
> Tôt ou tard, les morts deviennent tous ce que nous sommes aussi. Mais dans cette réalité, nous ne savons que peu, ou rien, de ce mode d'être. Et que saurons-nous encore de cette terre après la mort ? La dissolution dans l'éternité de notre forme temporaire n'entraîne aucune perte de signification. Au contraire, le petit doigt lui-même se sait faire partie de la main.

BIBLIOGRAPHIE

En plus des travaux évoqués dans cet ouvrage, les études suivantes m'ont aidé à me forger un ensemble de connaissances tout autant qu'une opinion sur l'expérience de mort rapprochée.

RAFT, David, et ANDRESSEN, Jeffry, *Transformations in self-understanding after Near-Death Experience* (« Transformations de la compréhension de soi après la NDE »), Contemporary Psychoanalysis, juillet 1986, vol. 22, p. 319-346.
Les sentiments et les pensées associés à la NDE sont étudiés dans les cas de deux patients qui ont montré, après une NDE, une compréhension de la vie particulière. Ces sujets ont manifesté un fort besoin d'en savoir plus sur eux-mêmes, se sont révélés extrêmement sensibles aux stimuli sensoriels, et ont cherché à créer des expériences sur le rêve éveillé. On a constaté chez eux une amélioration de la mémoire, avec la remise au jour de souvenirs enfouis, la prise de conscience de l'existence chez les autres de pensées et de sentiments non reconnus jusque-là, et du chagrin pour les pertes. Les auteurs présentent encore un autre cas, celui d'un homme qui a eu la sensation de se connaître totalement, avec une activité décuplée, à la suite d'un arrêt cardiaque. Ils discutent dans ce texte l'acuité de perception que l'on peut potentiellement acquérir par la NDE.

GABBARD, Glen, et TWEMLOW, Stuart, *An Overview of Altered Mind-Body Perception* (« Les altérations de la perception de la relation entre le corps et l'esprit »), Bulletin of the Menninger Clinic, juillet 1986, vol. 50, p. 351-366.
Les auteurs décrivent les différentes formes d'altération de la perception de la relation du corps et de l'esprit, telles que les expériences hors du corps, la dépersonnalisation, l'autoscopie, les perturbations de la perception des limites du corps chez les schizophrènes et les NDE. Prises en bloc, ces expériences forment un continuum, allant d'expériences d'intégration, de

transformation de la vie, à des désordres pathologiques graves. Les auteurs discutent des traitements de ces différents troubles, insistant sur les distinctions entre ces différents états, ce qui implique la nécessité d'interventions différenciées.

KIRSHNAN, V., *Near-Death Experiences: Evidence for Survival?* (« NDE : Preuve de survie ? ») Anabiosis, printemps 1986, Vol. 5, p. 21-38.
L'auteur soutient que les expériences hors du corps, de même que les autres éléments des NDE et les effets agréables qui les accompagnent, ne sont pas des preuves concluantes de l'existence d'une vie après la mort.

BECKER, Carl, *View from Tibet: NDE and the Book of the Dead.* (« Les NDE et le *Livre des morts tibétain* »), Anabiosis, printemps 1985, Vol. 5, p. 3-20.
L'auteur présente la NDE et la vie après la vie dans la perspective tibétaine. Il expose les croyances de la religion Bon et du bouddhisme Vajrayana, ainsi que les théories dérivées du *Livre des morts tibétain.* Il signale les similitudes avec les rapports modernes sur les NDE, incluant les expériences hors du corps, la vision de la vie et le jugement.

BAUER, Martin, *Near-Death Experiences and Attitude Change.* (« NDE et transformation psychologique »), Anabiosis, printemps 1985, vol. 5, p. 39-47.
La relation entre NDE et transformation psychologique est étudiée en faisant remplir un questionnaire de détermination du profil psychologique à vingt femmes et huit hommes de trente et un à soixante-quinze ans. Le questionnaire proposait sept catégories de comportement. Tous les sujets avaient eu une NDE. Ce questionnaire a été conçu pour établir si un individu donné vit selon ses désirs ou s'il échoue à donner un sens à sa vie, ainsi que la force d'une foi personnelle en une existence pleine de sens.

RODABOUGH, Tilman, *Near-Death Experiences: An Examination of the Supporting Data and Alternative Explanations.* (« NDE : étude des données avancées et des autres explications »), Death-Studies, 1985, Vol. 9, p. 95-113.
Cet article résume un modèle utilisé par R. Moody pour étudier la vie après la vie, avec une liste rapide de ses différentes composantes. Les explications de la NDE sont regroupées en trois catégories : métaphysiques, physiologiques et psychosociologiques. Il conclut que ceux qui croient en une vie après la vie ne trouveront dans les études sur les NDE ni contradiction ni confirmation.

PASRICHA, Satwant et Stevenson, Ian, *Near-Death Experiences in India : A Preliminary Report.* (« Les NDE en Inde : rapport préliminaire »), Journal of Nervous and Mental Disease, mars 1986, Vol. 175, p. 165-170.

Les auteurs rapportent les caractéristiques cliniques de seize cas de NDE étudiés en Inde. Après une brève description clinique de quatre des cas, ils décrivent et discutent les points sur lesquels les NDE indiennes se distinguent d'un échantillon plus vaste de cas américains. Ces différences portent essentiellement sur l'épisode où les sujets indiens se voient amenés en présence d'un messager qui, après avoir consulté une liste, déclare qu'il y a une erreur et que le malade n'est pas encore prêt à mourir. L'article suggère que, si certaines différences reflètent clairement l'influence de croyances liées à la culture d'origine, ces représentations culturelles pourraient elles-mêmes traduire des différences réelles dans la manifestation du concept d'au-delà, selon les cultures.

GREYSON, Bruce, *A Typology of Near-Death Experiences* (« Une typologie de la NDE »), American Journal of Psychiatry, août 1985, vol. 143, p. 967-969.

L'auteur a appliqué l'échelle de mesure de la NDE à quatre-vingt-neuf sujets. Cette échelle quantifie les composantes cognitives, affectives, paranormales et transcendantales de la NDE. L'analyse a découvert l'existence de trois groupes de NDE : les NDE transcendantes, affectives et cognitives. Les sujets rapportant ces types de NDE ne présentaient pas de différences démographiques significatives. Le type de NDE n'était pas significativement lié à la cause spécifique de déclenchement de la NDE. Toutefois, les NDE soudaines, dans des circonstances accidentelles, appartenaient plus fréquemment aux groupes des expériences transcendantales et affectives qu'à celui des NDE cognitives. Les résultats ne confirment pas l'hypothèse de K. Ring d'après laquelle les NDE sont essentiellement invariables ; ils suggèrent que le contexte psychologique peut influencer l'expérience.

STRAIGHT, Steve, *A Wave Among Waves : Katherine Anne Porter's Near-Death Experience* (« Une vague parmi les vagues : la NDE de Katherine Anne Porter »), Anabiosis, automne 1984, vol. 4, p. 107-123.

L'auteur affirme que la vision centrale du roman de K. A. Porter, « Pale Horse, Pale Rider », fondée sur sa grippe presque fatale au cours de l'épidémie de 1918, est une profonde NDE du type décrit pour la première fois par Raymond Moody. Il utilise des sources biographiques et des interviews de Porter pour démontrer l'origine de la vision du roman ainsi que les effets physiques tant que psychologiques de la NDE sur Porter. La vision du paradis racontée dans le roman est analysée comme une NDE. Deux études critiques du roman sont aussi brièvement discutées.

ROGO, Scott, *NDEs and Archetypes: Reply* (« NDE et Archétypes : Réponse »), Anabiosis, automne 1984, vol. 4, p. 180.

Cet article répond aux commentaires de Michael Grosso d'après lesquels Scott Rogo, dans un précédent article sur la NDE, n'avait pas prêté suffisamment d'attention à la théorie de Grosso sur les archétypes dans la NDE. Rogo précise sa position sur la théorie des archétypes comme « non-théorie » et insiste sur le fait que les arguments pour et contre les trois théories présentées l'étaient d'un point de vue objectif et non personnel. Quoique Rogo soit favorable à la théorie des archétypes, les recherches objectives n'ont encore pas mis en évidence de preuve définitive de leur réalité.

GROSSO, Michael, *NDEs and Archetypes* (« NDE et archétypes »), Anabiosis, automne 1984, vol. 4, p. 178-179.

Grosso propose une interprétation de la NDE à partir du concept d'archétype. Rogo prétendait que cette théorie était une « non-théorie », puisqu'elle explique un mystère par un autre mystère. Grosso écrit que Rogo a écarté sa théorie un peu hâtivement, en particulier dans la mesure où Rogo lui-même s'est servi de la théorie des archétypes pour rendre compte d'expériences d'apparitions peu courantes.

SIEGEL, Ronald, and HIRSCHMAN, Ada, *Hashish Near-Death Experiences* (« Les NDE dues au haschich »), Anabiosis, printemps 1984, vol. 4, p. 69-86.

Cet article recense la littérature médicale sur les NDE induites par le haschich. La plupart des chercheurs ont adopté le point de vue du psychiatre français Jacques-Joseph Moreau pour qui ces expériences sont des hallucinations. D'autres pensent, toutefois, que les NDE sous haschich révèlent une réalité sous-jacente telle que celle décrite par Emmanuel Swedenborg. La plupart des comptes rendus de ces expériences dues à des abus de drogues contiennent des éléments et des séquences que l'on trouve dans les NDE sans drogues.

TABLE

RÉSULTATS DU TEST

ETES-VOUS NEW AGE ?

Il y a un an, la vague New Age déferlait en France. J'ai lu New Age vous a proposé un jeu-test dans les numéros précédents. En voici les résultats :

	1	2	3	4	5	6	7	8	9	10	11	12	13	14
A	5	5	0	7	0	5	3	5	3	0	3	0	0	5
B	7	7	5	3	5	7	5	3	0	3	7	3	3	3
C	0	0	7	5	3	0	0	0	5	7	5	5	7	0
D	3	3	3	0	7	3	7	7	7	5	0	7	5	7

Entourez vos résultats et faites votre total.

MOINS DE 36 POINTS
NEW AGE ENDORMI

Les pieds ancrés dans votre réalité, vous tentez de la modifier au gré de vos désirs. Vous vous posez sans trop d'angoisse les questions fondamentales de l'existence et croyez au progrès si chacun y met du sien.

A votre esprit lucide échappent les notions qui défient la logique et font appel à des pouvoirs cachés. Vous éprouvez une certaine perplexité à l'égard des fans de l'astrologie et ceux qui explorent constamment leur monde intérieur vous paraissent bien nombrilistes. Votre rapport à l'environnement se veut positif et optimiste mais a tendance à minimiser les dangers de la technologie. Comme la plupart, vous craignez la pollution mais vous la considérez de plus en plus contrôlable. Il se peut qu'un jour, une catastrophe ou un simple grain du désert vous fasse quitter votre bulle d'innocence et que votre conscience New Age explose.

En attendant, face au paranormal, vous dressez votre paratonnerre et la mort reste pour vous une fin horrible et non une naissance cosmique.

Ouvrages recommandés :

Michael TALBOT/L'univers : Dieu ou hasard (2677/**3**)
Dorothee L. MELLA/Puissance des couleurs (2675/**3**)
Lyall WATSON/Supernature (2740/**4**)

DE 36 À 57 POINTS

NEW AGE NAISSANT

Les déclarations des adeptes de la conscience cosmique vous font sourire mais vous acceptez d'être bercé par le doux mystère du paranormal. Vous rêvez parfois d'être l'hôte de visions qui éclaireraient votre avenir.

Par jeu, vous balbutiez déjà un jargon qui fait pirouetter les certitudes scientifiques et donne à votre existence une coloration magique. Cette attitude superstitieuse est en fait un pas vers une recherche plus poussée des phénomènes inexplicables.

Vous doutez que votre destin soit totalement entre vos mains et ingénument vous souhaitez que quelque étoile vous rende la vie plus radieuse. L'homme, vous le pressentez, est la créature créée au carrefour du visible et de l'invisible.

Il vous reste à vous mettre en marche, à traverser votre ombre en silence à la rencontre de l'être lumineux qui vous attend depuis toujours.

Ouvrages recommandés :
DENNING & PHILLIPS/La visualisation créatrice (2676/**3**)
Gary DOORE/La voie des chamans (2674/**3**)
J.A. BONDI/Amour, sexe et clarté (2817/**3**)

DE 58 À 80 POINTS
NEW AGE APPRENTI

Vous êtes très sensible aux phénomènes paranormaux, aux témoignages de ceux qui ont eu une révélation sur leurs pouvoirs spirituels ou perçu cette musique éthérée aux portes de la mort. Vous manifestez une quête pour l'irrationnel sans perdre votre bon sens.

Vous faites la part entre les divagations de quelques illuminés et les expériences extrasensorielles des chercheurs d'absolu. Vous êtes plus passionné par les secrets de la sagesse que par l'interrogation de vos vies antérieures. Mais que certains états de relaxation puissent conduire à la découverte du corps astral vous semble bien intrigant.

Fervent défenseur de la nature, adepte de solutions alternatives, vous développez une sensualité de plus en plus subtile, vos fibres végétariennes étant plus alertes que vos enzymes carnivores, votre goût pour la beauté et la simplicité fuyant les compromis. Vous avancez sur la voie de l'homme qui a renoncé aux vieilles réponses et s'ouvre infiniment.

Ouvrages recommandés :
Dr Raymond MOODY /La vie après la vie (1984/2)
Shirley MACLAINE /L'amour foudre (2396/5)
Michael G. SMITH /Le pouvoir des cristaux (2673/3)

AU-DELÀ DE 80 POINTS
NEW AGE INITIÉ

Troisième œil ouvert sur le troisième millénaire, vous êtes prêt à investiguer les arcanes de l'esprit comme à enregistrer les pulsations cosmiques. L'émergence de paradigmes aptes à modifier la conscience humaine est pour vous une évidence perceptible à de nombreux signes.

Afin d'effacer le brouillage mental, vous prônez diverses pratiques destinées à vous mettre en accord avec le Tout. Votre style de vie est taillé comme un cristal et insuffle esprit Zen et extase tantrique.

Vous êtes certain de pouvoir agir sur l'univers grâce à vos vibrations qui s'élancent généreuses, bien au-delà du moi vers vos semblables et les espaces interstellaires.

Par vos convictions holistiques et spirituelles, vous avez réveillé l'enfant intérieur, parcelle de pureté blessée, mais prodigieusement énergétique, qui sauvegarde votre équilibre et vous accorde sérénité et clairvoyance.

Ouvrages recommandés :
Jane ROBERTS/Le livre de Seth (2801/5)
Guy DAMEON-KNIGHT/Karma, destinée et Yi King (2763/3)
Noel LANGLEY/Edgar Cayce et la réincarnation (2672/4)

J'AI LU NEW AGE

BONDI J. A. & ALTMAN N.	Amour, sexe et clarté 2817/3*
CAYCE Edgar	...et la réincarnation (Par Noël Langley) 2672/4*
(Voir aussi à Koechlin)	Les rêves et la réalité (par Harmon H. Bro) 2783/4*
	L'homme du mystère (par Joseph Millard) 2802/3*
CHADWICK Gloria	A la découverte de vos vies antérieures 2722/3*
DAMEON-KNIGHT Guy	Karma, destinée et Yi King 2763/3* Inédit
DENNING M. & PHILLIPS O.	La visualisation créatrice 2676/3* Inédit
DOORE Gary	La voie des chamans 2674/3* Inédit
HAYDES Peter	L'aventure suprême 2849/2* Inédit
KOECHLIN de BIZEMONT Dorothée	L'univers d'Edgar Cayce 2786/5*
	L'astrologie karmique 2878/6*
	Les prophéties d'Edgar Cayce 2978/6* (Mars 91)
MACLAINE Shirley	L'amour foudre 2396/5*
	Danser dans la lumière 2462/5*
MELLA Dorothee L.	Puissance des couleurs 2675/3* Inédit
MONTGOMERY Ruth	Au-delà de notre monde 2895/3* Inédit
MOODY Raymond Dr	La vie après la vie 1984/2*
	Lumières nouvelles... 2784/2*
	La lumière de l'au-delà 2954/2*
MURPHY Joseph Dr	Comment utiliser les pouvoirs du subconscient 2879/4* (Juin 91)
PARKINSON Cornélia	La magie des pierres 2961/4*
PEARCE Joseph Chilton	La fêlure dans l'œuf cosmique 3022/4* (Mai 91)
PECK Scott	Le chemin le moins fréquenté 2839/5*
ROBERTS Jane	Le Livre de Seth 2801/5* Inédit
	L'enseignement de Seth 3038/7* (Juin 91)
SIEGEL Bernie	L'amour, la médecine et les miracles 2908/4*
SMITH Michael G.	Le pouvoir des cristaux 2673/3* Inédit
TALBOT Michael	L'univers : Dieu ou hasard 2677/3* Inédit
WATSON Lyall	Supernature 2740/4*
	Histoire naturelle du surnaturel 2842/4*
WEISS Brian L. Dr	De nombreuses vies, de nombreux maîtres 3007/3* (Avril 91)

Aventure Mystérieuse

BELLINE Marcel	La troisième oreille 2015/3*
	Un voyant à la recherche du temps futur 2502/4*
BERLITZ Charles	Le Triangle des Bermudes 2018/3*
FLAMMARION Camille	Les maisons hantées 1985/3*
MAHIEU Jacques de	Les Templiers en Amérique 2137/3*
PRIEUR Jean	La prémonition et notre destin 2923/4*
SADOUL Jacques	Le trésor des alchimistes 2986/4*

RAMPA T. Lobsang

Histoire de Rampa 1827/3*
La caverne des anciens 1828/3*
Le troisième œil 1829/3*
Les secrets de l'aura 1830/3*
Les clés du nirvâna 1831/2*
Crépuscule 1851/2*
La robe de sagesse 1922/3*
Je crois 1923/2*
C'était ainsi 1976/2*
Les trois vies 1982/2
Lama médecin 2017/3*
L'ermite 2538/3*
La treizième chandelle 2593/3*
Pour entretenir la flamme 2669/3*
Les lumières de l'Astral 2739/3*

Épouvante

Depuis Edgar Poe, il a toujours existé un genre littéraire qui cherche à susciter la peur, sinon la terreur, chez le lecteur. Il a suscité de nombreux films.

ALMQUIST Gregg	***L'éveil de la Bête*** *2574/**4★** Inédit*
ANDREWS Virginia C.	***Ma douce Audrina*** *1578/**4★***
BARKER Clive	***Livre de sang*** *2452/**3★***
BLATTY William P.	***L'exorciste*** *630/**4★***
BRANDNER Gary	***La Féline*** *1353/**4★***
	Carrion *2705/**4★** Inédit*
BYRNE John L.	***Le Livre de la Peur*** *2633/**4★** Inédit*
CAMPBELL Ramsey	***La poupée qui dévora sa mère*** *1998/**3★***
	Le Parasite *2058/**4★** Inédit*
	La lune affamée *2390/**5★***
	Images anciennes *2919/**5★***
COLLINS Nancy A.	***La volupté du sang*** *3025/**4★** Inédit*
FARRIS John	***La forêt sauvage*** *2407/**5★** Inédit*
GALLAGHER Stephen	***La vallée des lumières*** *2800/**3★** Inédit*
HERBERT James	***Le sombre*** *2056/**4★***
	Pierre de lune *2470/**4★***
HOWARD Joseph	***Damien la malédiction II*** *992/**3★***
JAMES Peter	***Possession*** *2720/**5★** Inédit*
	Dreamer *3020/**6★** (Mai 91)*
JETER K.W.	***Les âmes dévorées*** *2136/**4★** Inédit*
	Le ténébreux *2356/**4★** Inédit*
KAYE Marvin & GODWIN Parke	***Lumière froide*** *1964/**3★***
KING Stephen	*Voir page précédente*
KOONTZ Dean R.	***Spectres*** *1963/**4★** Inédit*
	Le rideau de ténèbres *2057/**3★***
	Le visage de la peur *2166/**3★** Inédit*
	Chasse à mort *2877/**5★***
	Les étrangers *3005/**8★** (Avril 91)*
LANSDALE Joe R.	***Le drive-in*** *2951/**2★***
LAWS Stephen	***La nuit des spectres*** *2670/**4★** Inédit*
	Le Veur *2762/**4★** Inédit*
LEVIN Ira	***Un bébé pour Rosemary*** *342/**3★***
MAXIM John R.	***Les possédés de Riverside*** *2654/**4★** Inédit*
MICHAELS Philip	***Graal*** *2977/**5★** (Mars 91)*
MONTELEONE Thomas	***L'horreur du métro*** *2152/**4★** Inédit*
	Fantasma *2937/**4★***
MORRELL David	***Totem*** *2737/**3★***
NICHOLS Leigh	***L'antre du tonnerre*** *1966/**3★** Inédit*
	L'heure des chauves-souris *2263/**5★** Inédit*
	Feux d'ombre *2537/**6★** Inédit*
PIERCE Dale	***Le sang du matador*** *2554/**3★** Inédit*
REEVES-STEVENS Garfield	***Dreamland*** *2906/**6★***
RHODES Daniel	***L'ombre de Lucifer*** *2485/**3★** Inédit*
	Le banquet de Lucifer *2837/**4★** Inédit*
RUSSO John C.	***L'appel du sang*** *2611/**5★** Inédit*
SAUL John	***Corps étranger*** *2308/**4★***
SELTZER David	***La malédiction*** *796/**2★***
SOMTOW S.P.	***Vampire Junction*** *2862/**6★** Inédit*
STRAUB Peter	***Le dragon flottant*** *2373/**6★** Inédit*
	Tu as beaucoup changé, Alison *2816/**5★** Inédit*
STRIEBER Whitley	***Wolfen*** *1315/**4★***
STRIEBER W. & BARRY J.	***Cat Magic*** *2341/**6★** Inédit*
TESSIER Thomas	***La nuit du sang*** *2693/**3★***

2954

Impression Brodard et Taupin
à La Flèche (Sarthe) le 18 janvier 1991
6279D-5 Dépôt légal janvier 1991
ISBN 2-277-22954-7
Imprimé en France
Editions J'ai lu
27, rue Cassette, 75006 Paris
diffusion France et étranger : Flammarion